# U »Tanz der Tiefseequalle« im Unterricht

## INHALTSANGABE

U.1

Ein ungleiches Paar und außergewöhnliche jugendliche Protagonisten, eine fragile Freundschaft, die sich zu mehr entwickelt und der Kontrast zwischen fröhlicher Schulatmosphäre und fiesen Mobbing- und Gewalt-Attacken – dies sind die Zutaten des preisgekrönten spannenden Jugendromans von Stefanie Höfler.

Der 14-jährige Niko wohnt seit einigen Jahren bei seiner Oma. Seine Eltern haben sich getrennt, leben mittlerweile im Ausland und wollen beide offenbar nicht mehr viel von ihm wissen. So hat er sich über die Jahre einen Kokon angefressen. Mit seinem Übergewicht bildet er die Zielscheibe für fortgesetztes Mobbing in der Klasse. Alle bekommen es mit, auch die Lehrer. Viele mobben mit. Aber niemand in der Schule lehnt sich dagegen auf oder macht etwas dagegen. Zum Glück hat er zwei Freunde: den hyperaktiven gleichaltrigen Little und den Werkstattbesitzer Osman, der noch dicker ist als er.

Beim Klassenausflug kommt es dazu, dass Niko der attraktiven und beliebten Sera, bislang mit der hippen Melinda befreundet, aus der Patsche hilft. Als nämlich im Kletterpark der aufdringliche Mobbing-Rädelsführer Marko, der sich schon seit der Busfahrt übergriffig an Sera rangemacht hat, sie grob begrapscht, sie gegen ihren Willen festhält und noch schlimmere Dinge drohen, schreitet Niko ein. Das kann Marko natürlich nicht auf sich sitzen lassen, er erzählt kurz darauf fiese Dinge über Sera und Niko in der Klasse herum, die dazu führen, dass sich die Klassenkameraden auch von Sera abwenden. Bei der Party abends im Keller der Jugendherberge will niemand etwas mit Sera zu tun haben. Kurzerhand fragt sie Niko, ob er mit ihr Stehblues tanzt – ein Skandal!

Beide verlassen die Party und beschließen draußen, abzuhauen. Ungefähr 24 Stunden lang erleben sie dann, wie aufregend, lustig und schön es sein kann, alles hinter sich zu lassen. Dabei kommen sich die schöne Sera und der übergewichtige Niko natürlich näher. Beide spüren, dass sie sich trotz ihrer Unterschiede bestens verstehen.

Zurück im Schulalltag wird ihre beginnende Freundschaft auf mehrere Proben gestellt. Vor allem Sera muss für sich ihre Gefühle klären, aber auch Niko weiß nicht, ob Sera aus Mitleid oder Sympathie so nett zu ihm ist. Und dazu setzt die Klasse beide immer stärker unter Druck und grenzt sie aus. Weil Sera aber letztlich zu ihren Gefühlen steht, sie Niko auch küsst, will sie endlich erfahren, was mit Nikos Eltern ist. Bei ihrem Besuch in Nikos Wohnung erfährt sie von seiner Oma, dass die Eltern noch leben. Das verwirrt sie, weil sie dachte, die Eltern seien gestorben. Sie stellt Niko später zur Rede und alles klärt sich auf.

Zum klassischen Showdown kommt es dann beim Schulfest: Die Klasse hat eine Sumoringen-Station aufgebaut. Der Tipp dafür kam von Melinda, die offenbar an Seras Liste gekommen ist, auf der diese all jene Dinge notiert hat, die man als Dicker besser machen kann. Marko provoziert Niko, doch mit in den aufgestellten Ring zu gehen und zu kämpfen. Niko nimmt das Angebot an und wählt überraschenderweise Marko als Gegner. Weil Niko Marko am Ohr zu fassen bekommt und seine ganze Wut der letzten Tage, Monate und Jahre in den Kampf legt, besiegt er Marko. Das Romanende ist auch symbolisch zu verstehen: Sera und Niko gehen im nahegelegenen Moorweiher baden und spüren, dass es sich gut anfühlt.

»Tanz der Tiefseequalle« ist ein grandioses Stück Jugendliteratur, das letztlich auch von den Schattenseiten der Jugend handelt.

Stefanie Höfler schreibt sensibel, zurückhaltend, intensiv und mitreißend zugleich. In vielen kleinen Szenen fängt sie den Zauber der Freundschaft und beginnenden Liebe ein. Ihre Sprachbilder, mit denen sie sowohl die schönen als auch die schrecklichen Momente beschreibt, sind unverbraucht, authentisch und originell. Sie eröffnen den jugendlichen Leserinnen und Lesern zusätzliche Bedeutungsschichten. Besonders kunstvoll setzt sie die Annäherungen zwischen Sera und Niko in Szene und schafft es dadurch, einen großen Spannungsbogen bis zum Schluss aufrechtzuerhalten. Zahlreiche witzige Szenen sorgen beim jugendlichen Leser dafür, dass das Buch trotz der teils bedrückenden Thematik jugendlicher Gewalt bzw. Mobbing immer noch leicht daherkommt. Auch deshalb ist Stefanie Höflers Geschichte eine außergewöhnliche und glänzend geeignete Klassenlektüre.

## U.2 DIDAKTISCHES PROFIL DES ROMANS

Wie jeder andere Unterricht auch muss die Behandlung eines Jugendromans einerseits an die Lernvoraussetzungen der Schüler:innen anknüpfen und damit assimilative Aspekte bieten, andererseits auch zusätzliche Anforderungen an das Verstehen stellen. Das didaktische Potenzial des Romans als Unterrichtslektüre liegt damit in der Verknüpfung von vertrauten, assimilativen und eher neuen, akkomodativen Aspekten. Vertraute Charakteristika des Textes sorgen dafür, dass die Schüler:innen von sich aus einen Zugang zum Text finden können und dass Anknüpfungsmöglichkeiten für eine eigene Textdeutung vorhanden sind (Assimilation). Dieser Aspekt betrifft das lesefördernde Potenzial. Neue, zusätzliche Anforderungen, die der Text an ein Verstehen der Schüler:innen stellt, betreffen eher den Bereich des literarischen Lernens. Im Überblick lässt sich das didaktische Profil von »Tanz der Tiefseequalle« folgendermaßen darstellen:

| Dimension des Textes | Das Vertraute: Möglichkeit zur Assimilation (Leseförderung) | Das Neue: Notwendigkeit zur Akkomodation (literarisches Lernen) |
|---|---|---|
| Wirklichkeitsbezug | ▸ Fiktive Geschichte mit realen Bezügen | ▸ Fiktionales Geschehen |
| Thematik | ▸ Schule<br>▸ Mobbing und Ausgrenzung<br>▸ Übergewicht<br>▸ Freundschaft und Liebe<br>▸ Schwierige Familienbeziehungen vs. heile Familie | ▸ Sexuelle Übergriffe, Missbrauch<br>▸ Ausreißen |
| Figuren | ▸ Positive Identifikationsangebote für Mädchen und Jungen durch Sera und Niko sowie Osman, Little, Farid, Baba und Großmama<br>▸ Negative Identifikationsangebote durch Melinda, Marko und die Lehrer | ▸ Empathie mit ambivalenten Figuren, v.a. Lenni<br>▸ Durchbrechung von Geschlechterrollen: Sera (neugierig, mutig, klug, direkt, wortkarg), Niko (sensibel, eloquent, zurückhaltend, zweifelnd) |
| Sprache/Stil | ▸ Spannung<br>▸ Äußere und innere Handlung<br>▸ Dialoge | ▸ Nikos gehobener Sprachstil vs. Seras Wortkargheit<br>▸ Leitmotiv: auf Baum klettern, im See baden<br>▸ Vergleiche, Metaphern und Symbolik |
| Literarische Formelemente/ Erzählkonzept | ▸ Doppelte Ich-Perspektive Niko/Sera<br>▸ Lineares Erzählen<br>▸ Vereinzelte Rückblenden | ▸ Vorausdeutungen (Prolepsen) bzgl. Nikos Eltern<br>▸ Ambivalenter Schluss<br>▸ Keine Kapitelzählung |

Die Übersicht verdeutlicht die gelungene Mischung aus leseförderndem Potenzial und Notwendigkeiten zur Akkomodation bestehender Verstehensschemata. Besonders geeignet ist »Tanz der Tiefseequalle« für die Klassenstufen 6 bis 8. Die Stärke des Romans als Unterrichtslektüre liegt in den vielfältigen Identifikationsangeboten für Mädchen und Jungen, in der thematischen Breite sowie in der Vielfalt der sprachlichen Mittel. Die Erzählperspektive (der Leser erlebt das Geschehen aus Seras und Nikos Sicht) vermittelt gleichzeitig Nähe und Distanz zum erzählten Geschehen.

## LITERARISCHES PROFIL DES ROMANS

u.3

### Themen und Motive

In Stefanie Höflers Jugendroman werden zahlreiche thematische Stränge kunstvoll verwebt. Im Mittelpunkt steht die fragile *Freundschaft* zwischen der 14-jährigen attraktiven Sera und dem ebenso alten übergewichtigen Klassenkameraden Niko (eigentlich: Nikolaus). Obwohl sie sich schon jahrelang kennen und zusammen in einer Klasse sind, haben sie bislang kaum ein Wort miteinander gesprochen. Zu Beginn des Romans ist Sera noch auf der Seite der Mobber und beobachtet, wie Niko drangsaliert wird. Doch ein zarter Gruß an Niko und dann sein beherztes Eintreten für sie im Schwimmbad, aber vor allem im Kletterpark, als Marko sie begrapscht und noch Schlimmeres droht, wendet das Blatt. Sera spürt, dass sie mit Niko gut reden kann und er sehr nett und witzig ist. Außerdem kann er gut tanzen. Das gemeinsame Abhauen schweißt beide als Team enger zusammen, sodass Sera das Bedürfnis hat, Niko zu berühren und zu küssen. Es entstehen bei beiden erste Gefühle von *Liebe* füreinander, obwohl sie noch unsicher sind, was sie füreinander empfinden. Dass eine Freundschaft oft auch Tiefen durchschreiten muss, zeigt sich unter anderem beim Ausraster von Niko nach dem Klettern.

Das Thema Freundschaft wird im Roman von Anfang an überlagert vom Thema *Mobbing und Gewalt*. Seitdem Niko in der Klasse ist, wird er von den anderen, vor allem von den Jungs, wegen seines *Übergewichts* gehänselt, ausgegrenzt und systematisch gemobbt. Dies geschieht mit Worten, Blicken und Taten. Er selbst hat sich dagegen noch nicht aufgelehnt – er erträgt die Schmähungen mit Ruhe und vordergründiger Gelassenheit. Innerlich brodelt es aber in ihm und bestimmt seinen gesamten Alltag. Man hat den Eindruck, dass auch die Lehrer, sofern sie die Attacken überhaupt mitbekommen, dem Mobbing machtlos gegenüberstehen. Bei dem Klassenausflug kommt dann noch ein weiterer Aspekt von Gewalt ins Spiel: Marko, der coole und rücksichtslose Anführer der Klasse, der maßgeblich für das Mobbing-Klima verantwortlich ist, wird mehrfach gegenüber Sera zudringlich. Er nötigt sie, im Bus neben ihm zu sitzen, kitzelt sie beim Aussteigen, umarmt sie, wuschelt in ihren Haaren bei der Nachtwanderung und bedrängt sie im Kletterpark so massiv, dass sein Verhalten als sexueller Missbrauch gewertet werden kann. Das Mobbing in der Schule gegenüber Niko und später auch Sera hört damit nicht auf, sondern verstärkt sich noch.

Eine wichtige Rolle für den Roman spielt das Lebensfeld *Schule*. Es erscheint so, dass die wirklich wichtigen Lernprozesse und Reifungsgelegenheiten nicht primär im Unterricht beheimatet sind, sondern in der Gruppendynamik der Cliquen und in Freundschaften liegen. Bezeichnend dafür ist, dass der Klassenausflug vieles in Bewegung bringt – er hebt die tiefliegenden Konflikte an die Oberfläche und sorgt dafür, dass Sera und Niko zu Freunden werden.

### Erzählkonzept

Schauplatz des Romans ist eine nicht mit Namen benannte Stadt. Wichtige Orte sind das Schulgebäude, der Schulhof, die Wohnungen von Sera und Niko sowie der Stadtpark, der Dönerimbiss und die Autowerkstatt von Osman. Beim Klassenausflug spielt sich das Geschehen in der Jugendherberge, im Spaßbad, im Wald und im Kletterpark ab. Sera und Niko reißen dann aus und laufen durch den Wald in ein Dorf, wo sie sich auf dem Spielplatz und an der Tankstelle aufhalten. Von dort lassen sie sich trampend in ihre Heimatstadt zurückbringen.

Der Roman schildert im Kern den Zeitraum von ungefähr einer Woche im Herbst. In einigen Kapiteln werden Geschehnisse aufgegriffen, die vor der eigentlichen Handlung passiert sind (z.B. als Nikos Kleidung in der Umkleidekabine gestohlen wird, S. 6f.; mit Little im Supermarkt, S. 18f.; der letzte Urlaub mit den Eltern in Davos, S. 147f.).

Das erzählte Geschehen wird größtenteils linear aus der wechselnden Ich-Perspektive von Sera und Niko erzählt. Allein im letzten Kapitel wechseln sich beide Perspektiven innerhalb eines Kapitels mehrfach ab. Der Roman ist durchgängig im Präsens verfasst. Einige Zeitraffungen (Standpauke, S. 62 f.) und Zeitsprünge (z. B. S. 27, 47, 82, 108, 118, 142) verdichten das Geschehen.

Einige andeutende Prolepsen, vor allem zum Verhältnis zwischen Niko und seinen Eltern, verweisen auf ein Thema, das den Hintergrund von Nikos Übergewicht deutlicher erklärt.

Immer wieder wird der Handlungsstrom durch selbstreflexive Überlegungen Seras und Nikos unterbrochen, so z. B., als sie gemeinsam im Baum sitzen (Kap. 39) oder Niko in der Werkstatt über sich und seine Freundschaft zu Sera nachdenkt (Kap. 46).

## Sprache

Der Roman ist größtenteils in altersgemäßer Sprache und parataktischem bzw. begrenzt hypotaktischem Satzbau verfasst. Extreme Hypotaxen finden sich nur sehr selten (z. B. S. 58). Zahlreiche Dialoge ermöglichen, dass die Textmenge auch von ungeübten Leser:innen bewältigt werden kann.

Immer wieder taucht auch der orale Stil auf, der den Dialogen und Reflexionen eine noch größere Lebendigkeit einhaucht, z. B.: »Fühlt sich an, als hätt ich eine ganze Packung Karamellbonbons zwischen den Zähnen« (S. 61), »als hätt jemand ein Gesicht aus Knete gemacht« oder »muss noch aufs Klo« (S. 112). Auch jugendsprachliche Begriffe und Ausdrücke verstärken das Lesevergnügen, z. B.: »Das wird jetzt richtig beschissen.« (S. 104)

Der Roman beinhaltet zahlreiche Ellipsen, wie z. B. auf Seite 14 f.: »Keine Ahnung, wieso plötzlich«, »Stuhlächzen«, »Mädchen auch nicht«. Diese unterstreichen den Eindruck innerer Monologe der beiden Protagonisten.

Auffällig ist der Kontrast zwischen Nikos eloquenter Sprache und Seras Wortkargheit. Dies wird besonders in den Dialogen der beiden deutlich.

## Spannungsbögen des Romans

Die Spannung des Romans speist sich für die Leser:innen vor allem aus drei Fragen: Zum einen, wie sich die Freundschaftsbeziehung zwischen Sera und Niko entwickelt. Dann geht es für die Leser:innen um die Frage, was mit Nikos Eltern ist, und schließlich darum, ob das Mobbing in der Klasse irgendwann aufhören wird.

Alle drei Spannungsbögen werden am Ende kunstvoll zu einem relativen Ende gebracht: Es spricht viel dafür, dass Sera und Niko weiterhin befreundet bleiben. Trotzdem hat der Roman einen offenen Schluss. Darüber hinaus klärt sich, dass die Eltern von Niko weiter kein Interesse an ihm haben und er vorerst bei seiner Oma wohnen bleibt. Ob das Mobbing gestoppt werden kann, bleibt offen. Es deutet vieles darauf hin, dass es möglicherweise für Sera und Niko weiter nicht leicht sein wird, ihre Freundschaft zu leben.

## Metaphern, Symbolik und weitere Stilmittel

Stefanie Höfler operiert in ihrem Roman mit zahlreichen sprachlichen Bildern und weiteren Stilmitteln, die das Lesevergnügen erhöhen und zusätzliche Bedeutungsschichten erschließen.

*Vergleiche* lassen sich sehr viele finden. Hier einige Beispiele:

- »weiße Haut, wie Papier« (S. 5)
- »wie wenn sie ihre Lieblingsserie anschaut« (S. 7)
- »eine Figur wie ein Michelin-Männchen« (S. 12)
- »Von hinten sieht er aus wie ein Panzer.« (S. 17)
- »wie ein kostbares Zauberschwert« (S. 24)
- »wie ein Ameisenhaufen, in den grad jemand einen großen Stock reingerammt hat« (S. 27)
- »ungefähr so schlau wie ein Kopfsprung in ein ein Meter tiefes Gewässer« (S. 30)
- »wie eine Nixe« (S. 30)
- »so klar wie die geschmacklose Salatsoße« (S. 32)
- »das sieht aus wie aus dem Foltermuseum« (S. 48)
- »wie von einem Magnet angezogen« (S. 49)
- »als wollte sie ihn gleich auffressen« (S. 50)
- »wie eine riesige Kaugummiblase« (S. 50)
- »wie ein Aussetzer in der Musik oder wie so eine Art Freeze in einem Film« (S. 51)
- »wie ein unaufmerksamer Kapitän ein Atom-U-Boot ansieht« (S. 52)
- »Rundes Gesicht, wie ein Smiley.« (S. 61)
- »Fühlt sich an, als hätt ich eine ganze Packung Karamellbonbons zwischen den Zähnen« (S. 61)
- »als hätt ich gefragt, wo ihr Raumschiff steht« (S. 66)

- »die klingen wie mit einem extrascharfen Schneidemesser zerhackt« (S. 67)
- »als wäre ich ihr Beschützer« (S. 74)
- »leuchtet wie ein Atompilz« (S. 75)
- »sieht aus wie ein Geisterdorf« (S. 77)
- »wie zwei obdachlose Straßenkinder« (S. 77)
- »Wie eine Flaschenpost. Flaschenpostgrün.« (S. 84)
- »wie eine Lawine von einem Alpenvorgebirge« (S. 95)
- »wie ein gefräßiges Maul« (S. 101)
- »als hätt ich grad ein Kilo Brennnesseln gegessen« (S. 103 f.)
- »die langen Wimpern wie ein Zaun vor den Augen« (S. 104)
- »glotzt Niko an wie ein Marsmännchen« (S. 104)
- »als würden sich in meinem Inneren viele kleine Sonnenflecken zu einem großen verbinden« (S. 108)
- »wie ein frisch gespitzter Bleistift« (S. 109)
- »wie einen Schutzschild« (S. 109)
- »wie der runde Lichtkreis einer Taschenlampe« (S. 111)
- »als balanciere sie einen Tonkrug mit Wasser auf dem Kopf« (S. 117)
- »dass eine Freundschaft so schnell kippen kann wie ein zugemüllter See« (S. 118)
- »wie flüssiges Lakritz auf ihren Schultern« (S. 123)
- »als hätte mich eine Feuerqualle gestreift« (S. 125)
- »wie eine panische Gazelle« (S. 133)
- »wie stramm stehende Soldaten« (S. 133)
- »als wären hundert Menschenfresser hinter mir her« (S. 139)
- »wie verwelkte Flügel« (S. 145)
- »wie an einem Rettungsreifen« (S. 145)
- »wie ein Ganzkörperfragezeichen« (S. 146)
- »wie eine Raupe, die sich in einem extrageräumigen Kokon verpuppt hat, um die Winterzeit zu überstehen« (S. 148)
- »wie warm gewordener Teig« (S. 169)
- »wie der Wolf im Märchen« (S. 172)
- »wie die Augen eines wehrlosen Meerschweinchens« (S. 182)
- »wie mit einem Teppich« (S. 187)

*Metaphorische Sprachbilder* sind z. B.:

- »Wir bleiben beide stehen, zwei Wachsfiguren im Abendlicht« (S. 103)
- »Sein Blick begleitet Sera bis zu ihrem Platz.« (S. 113)
- Auch Seras Name (deutsch: »Engel«; auf Kurdisch bedeutet »Sera« Palast) lässt sich metaphorisch begreifen: Für Niko ist sie der Engel, der ihn erlöst.

*Personifikationen* finden sich unter anderem hier: »›Zu spät. Und zu peinlich‹, antwortet der Wollhügel. [...] Der Hügel richtet sich auf ... (S. 68 f.)

Intertextuelle Bezüge lassen sich zu »Herr der Ringe« (S. 67) und »Die Schöne und das Biest« (S. 110) finden.

Einige Textelemente lassen sich *symbolhaft* deuten, wie z. B.:

- auf den Baum klettern können/nicht können (S. 9, 125, 143, 155)
- symmetrisches Gesicht (S. 18, 61, 72)
- Klassenausflug (S. 25 ff.)
- giftgrüne Schnürsenkel bzw. giftgrüner Pulli (S. 26, 143)
- Nikos »Erfindungen« (u. a. S. 10, 33, 43)
- schreiender Vogel (S. 36, 59)
- Schraubenzieher als Zauberschwert und Wunderwaffe (S. 23, 24, 44, 71)
- miteinander im Takt tanzen (S. 55)
- schaukeln (S. 77 f.)
- Haarsträhne als Ring (S. 80, 157)
- Mini Milk (S. 92, 95)
- Wurm (S. 96)
- Moorsee (S. 101, 186)
- Gefängnisbau (S. 102)
- größer als Oma (S. 108)
- Kaugummi im Mülleimer (S. 116)
- Melindas mittelbraune Haare (S. 120)
- Hand strecken (S. 125)
- als wären Monate vergangen (S. 136)
- Fakeblumen (S. 145)
- Winterzeit (S. 148)
- Sumokampf (S. 179)

*Witzige* bzw. *ironische Textstellen* streut Stefanie Höfler immer wieder ein und setzt damit einen Kontrast zu der thematischen Schwere des Romans:

- super Kletterbaum (S. 9)
- hellblaue Jungenunterhose (S. 10)
- Schimpfwörter/Beleidigungen (S. 12)
- uringelbe Gläser (S. 20)
- Herzklappeninsuffizienzmaßnahme (S. 21)
- Taschentücher (S. 22)
- tiefergelegt (S. 23)
- Diät (S. 31)
- Ruhe haben (S. 33)
- Wahrheitabsauger (S. 33)
- Du arme Sau (S. 33)
- verhinderter Waldbrand (S. 34)
- Supernikobrause (S. 43)
- selbst anstarren (S. 51)
- Atom-U-Boot (S. 52)

- physikalischer Versuch (S. 56)
- Schlagfertigkeitstraining (S. 59)
- Smiley (S. 61)
- Baum klettern (S. 62)
- Körper mitnehmen (S. 65)
- überhaupt nicht kennt (S. 65)
- Raumschiff (S. 66)
- Wollhügel (S. 68 f.)
- Kreisel auf Drogen (S. 75)
- kleines Holz (S. 76)
- fliegender Teppich (S. 78)
- V-Männer (S. 86)
- tibetischen Berg (S. 90)
- nicht meine Disziplin (S. 92)
- Marsmännchen (S. 104)
- ungewöhnlichere Begleitung (S. 109)
- die Schöne und das Biest (S. 110)
- Faxen dicke (S. 116)
- atomar (S. 124)
- Tiefseequalle (S. 130)
- Gazelle (S. 133)
- Laterne leuchtet (S. 134)
- Mutexpander und fehlendes Vorstellungsvermögen (S. 138)
- Mädchenname (S. 149)
- ausgestopft (S. 150)
- gegen Pferd (S. 155)
- Sumoringen (S. 175)
- Mittelalterfilm (S. 178)
- Ohr (S. 181)

## U.4 DEUTUNGSPERSPEKTIVEN

»Tanz der Tiefseequalle« lässt mehrere Deutungen zu. Zum einen legt der Roman einen Fokus auf das Problem Mobbing in der Schule mit all seinen Ursachen, Formen und Folgen. Das Buch ist als leidenschaftliches Plädoyer gegen Mobbing zu lesen und zeigt, wie schwer es für Betroffene ist, Mobbing zu ertragen. Dass die Institution Schule zugleich Aktionsfeld und Lösungsmöglichkeit von Mobbing ist, wird an vielen Stellen verdeutlicht.

Der Roman zeigt darüber hinaus am Beispiel von Niko, wie sensibel Kinder auf Verwerfungen in ihrer Familie reagieren und welche Konsequenzen dies haben kann. Die Entfaltungsmöglichkeiten von Kindern werden massiv beeinträchtigt, wenn Eltern, hier Nikos Eltern, ihre eigenen Interessen über die Bedürfnisse ihrer Kinder stellen. Es wird verdeutlicht, welche Schäden es für die kindliche Seele haben kann, wenn sich das elterliche Handeln komme, was wolle durchsetzt. Nikos Übergewicht resultiert letztlich vor allem daraus, dass er bei seinen Eltern keinen Halt mehr gefunden hat. In Sera findet er jemanden, die ihn zunehmend unabhängig von seinem Übergewicht schätzt und mag.

Zusätzlich veranschaulicht der Roman das Bedürfnis von Jugendlichen nach echter, authentischer und tiefer Freundschaft und Liebe. Dabei sind beide Protagonisten in gewisser Hinsicht Außenseiter, zum Teil sogar Entwurzelte. Auch Sera wird durch ihre Hinwendung zu Niko Opfer der Mobbing-Attacken ihrer Mitschüler:innen. Und sie muss einen schweren sexuellen Übergriff durch Marko über sich ergehen lassen. Der Roman zeigt, dass jeder junge Mensch mit seinen individuellen Voraussetzungen das Recht und zugleich die Möglichkeit hat, Freundschaft und Liebe zu erleben.

»Tanz der Tiefseequalle« illustriert außerdem den Eigenwert und den Zauber der Jugend. Für nahezu alle jugendlichen Figuren verbinden sich mit der ungefähr zwei Wochen dauernden Handlung wichtige Erfahrungen an der Grenze zum Erwachsenwerden und zum Teil auch Weichenstellungen für das zukünftige Leben. Das Buch thematisiert die unbegrenzte Freiheit und Ungebundenheit von Jugendlichen und zugleich die Beschränkungen, die seitens der Welt an Jugendliche bzw. junge Erwachsene herangetragen werden. Dass Jugendliche immer auch die Welt neu denken und leben, zeigt der Roman sehr deutlich. Dass es im Leben insgesamt darum geht, selbst etwas zu tun, eigene Wege zu gehen, statt nur im Strom zu schwimmen und darauf zu warten, was die Welt mit einem anstellt, lässt sich auch als implizites Romanmotto begreifen.

# METHODENKISTE

u.5

Die folgende »Methodenkiste« ist als Ideen-Pool zur Planung einer Unterrichtseinheit zum Roman »Tanz der Tiefseequalle« gedacht. Sie verbindet anzustrebende Kompetenzen im Deutschunterricht mit möglichen Textumgangsweisen in einem Unterricht zum Roman. Dabei beziehen wir uns auf die von der Kultusministerkonferenz (KMK) verabschiedeten »Bildungsstandards für das Fach Deutsch für den Mittleren Bildungsabschluss«, die die verbindliche Grundlage für alle in den Ländern zu entwickelnden Lehr- und Bildungspläne in der Sekundarstufe I darstellen.

In der rechten Spalte geben wir jeweils mögliche Beispiele für eine konkrete Umsetzung im Unterricht. Hier finden sich auch Verweise zu den Kopiervorlagen und Infoblättern in diesem Heft. Zahlreiche methodische Möglichkeiten sprechen mehrere Bildungsstandards an. Wir haben uns zum Zwecke der Übersichtlichkeit jeweils für einen Bildungsstandard des Bereiches 3.3 (»Lesen – mit Texten und Medien umgehen«) entschieden. Häufig lassen sich auch evidente Bezüge zu den Bildungsstandards der anderen Bereiche herstellen.

Darüber hinaus stehen die vorgeschlagenen Methoden in Verbindung mit einem fächerübergreifenden Ansatz (v.a. mit Ethik, Religion oder anderen Fächern), den Sie je nach Klassensituation, Vorwissen und Interessen der Schüler:innen modifizieren können.

| Bildungsstandards | Methoden | Beispiele |
|---|---|---|
| **→ Verschiedene Lesetechniken beherrschen** | | |
| • Über grundlegende Lesefertigkeiten verfügen: flüssig, sinnbezogen, überfliegend, selektiv, navigierend lesen | • Ein Kapitel bzw. eine besonders wichtige oder spannende Stelle vorlesen<br>• Die Auswahl individuell begründen | • Niko wird gemobbt (Kap. 1)<br>• Textstellen nach Wahl |
| | • Einen Textausschnitt mit verteilten Rollen lesen | • Danke aus dem Baum (Kap. 15) |
| | • Bestimmte Textinhalte auffinden | • Mit dem Zeilometer arbeiten → **k.1**<br>• Romananfang (Kap. 1–4) → **k.2**<br>• Sera und Niko (Kap. 9–17) → **k.4**<br>• Zitate der Figuren (Kap. 18–30) → **k.5**<br>• Rückkehr (Kap. 31–39) → **k.6** |
| | • Ein den Text erschließendes Unterrichtsgespräch anhand von Leitfragen führen | • Warum wird Niko von seinen Mitschüler:innen gemobbt?<br>• Warum greift Sera nicht ein? → **k.2** |
| | • Ein Kapitel oder einen Textabschnitt gestaltend vorlesen und aufnehmen | • Im Kletterpark (Kap. 7)<br>• Die Eisklau-Aktion (Kap. 27 f.) |
| **→ Strategien zum Leseverstehen kennen und anwenden** | | |
| • Leseerwartungen und -erfahrungen bewusst nutzen | • Eine Mindmap/einen Cluster mit Assoziationen erstellen (Impulse durch Titel, Umschlagbild, Umschlagtext, Autor); damit einhergehend eine Leseerwartung aufbauen, Vorwissen aktivieren; ein Lesemotiv formulieren | • Freundschaft und Liebe<br>• Mobbing in der Schule<br>• Eltern und Kinder<br>• Sexuelle Nötigung |
| | • Bezüge zur eigenen Lebenswirklichkeit herstellen | • Gegen Mobbing (Kap. 1–4) → **k.2**<br>• Abhauen? (Kap. 9–17) → **k.4**<br>• Sera und Niko als Freund:in? (Kap. 18–30) → **k.5**<br>• Flirten (Kap. 31–39) → **k.6**<br>• Dilemma (Kap. 40–48) → **k.7**<br>• Freundschaft (Kap. 49–57) → **k.8** |
| • Textschemata erfassen, z. B. Textsorte, Aufbau des Textes | • Die Erzählkonstruktion analysieren | • Rückblenden im Roman auffinden<br>• Äußere und innere Handlung |

| Bildungsstandards | Methoden | Beispiele |
|---|---|---|
| • Verfahren zur Textstrukturierung kennen und selbstständig anwenden | • Wesentliche Textstellen kennzeichnen | • Andeutungen: Mobbing und Hänseleien (Kap. 1–4) → **k.2**<br>• Markos Nötigung (Kap. 5–8) → **k.3**<br>• Tanzen wir? (Kap. 9–17) → **k.4**<br>• Sera und Niko (Kap. 18–30) → **k.5**<br>• Seras Dilemma (Kap. 40–48) → **k.7** |
| | • Den Text gliedern | • Stichwörter ordnen (Kap. 9–17) → **k.4**<br>• Tabellarische Kapitelübersicht → **i.5** |
| | • Kapitel- bzw. Abschnittsüberschriften formulieren | • Abhauen (Kap. 18–30)<br>• Überschriften zu einzelnen bzw. allen Kapiteln verfassen (vgl. → **i.5**) |
| | • Fragen aus dem Text ableiten | • Warum ist Niko übergewichtig?<br>• Hat das Buch ein Happy End? |
| | • Bezüge zwischen Textteilen herstellen | • Seras und Nikos Gefühle → **k.5**<br>• Beziehung Sera/Niko (ganzer Roman) → **k.9** |
| • Verfahren zur Textaufnahme kennen und nutzen | • Texte und Textabschnitte stichwortartig zusammenfassen | • Niko und Sera im Vergleich (Kap. 18–30) → **k.5**<br>• Figuren im Roman (ganzer Roman) → **k.9** |
| | • Eine Inhaltsangabe mithilfe von Satzstreifen oder anderen Hilfsmitteln erstellen | • Der Tanz (Kap. 9–17) → **k.4**<br>• Nikos und Seras Gefühlswelt (Kap. 40–48) → **k.7** |
| | • Eine wichtige Textstelle visualisieren | • Unterm Baum/Im Supermarkt (Kap. 1–4) → **k.2**<br>• Die Hauptfiguren |
| | • Zu vorgegebenen Antworten Fragen verfassen | • Kletterpark (Kap. 5–8) → **k.3** |
| | • Fragen zum Text beantworten | • Mobbing (Kap. 1–4) → **k.1**<br>• Unterwegs (Kap. 18–30) |
| | • Einen Lückentext bearbeiten | • Niko wird gemobbt (Kap. 1–4) → **k.2**<br>• Gefühle (Kap. 40–48) → **k.7**<br>• Inhaltsangabe zum ganzen Roman als Lückentext (vgl. → **i.5**) |
| | • Aussagen am Text überprüfen | • Zurück im Alltag (Kap. 31–39) → **k.6**<br>• Showdown beim Schulfest (Kap. 49–57) |
| | • Aussagen erklären und konkretisieren | • Niko wird gemobbt (Kap. 1–4) → **k.2**<br>• Sera versucht, sich zu wehren (Kap. 5–8) → **k.3** |
| | • Stichwörter formulieren und damit ein Kapitel nacherzählen | • Der Tanz (Kap. 9–17) → **k.4**<br>• Stichwörter zum ganzen Roman |
| **→ Literarische Texte verstehen und nutzen** | | |
| • Ein Spektrum altersangemessener Werke – auch Jugendliteratur – bedeutender Autorinnen und Autoren kennen | • Leben und Werk der Autorin kennenlernen | • Die Autorin → **i.1**<br>• Interview mit Stefanie Höfler → **i.2** |
| | • Thematisch verwandte Jugendromane kennenlernen | • Hinweise in → **i.4** |
| • Zentrale Inhalte erschließen | • Ein Unterrichtsgespräch zum Text anhand von Leitfragen führen | • Mobbing in der Schule (Kap. 1–4) → **k.2**<br>• Ursachen für Nikos Übergewicht (Kap. 40–48) → **k.7**<br>• Vergleich Sera/Niko (Kap. 18–30) → **k.5** |
| | • Einsatz anderer Medien/inhaltlich entsprechend orientierter Zusatztexte zur Erarbeitung der Romanthemen | • Interview zum Thema »Mobbing in der Schule« mit Expert:innen führen<br>• Weiterführende Literatur → **i.4**<br>• Filme, Hörfunkbeiträge, Zeitschriftenartikel und Internetquellen zu den Themen des Romans |

| Bildungsstandards | Methoden | Beispiele |
|---|---|---|
| • Wesentliche Elemente eines Textes erfassen, z. B. Figuren, Raum- und Zeitdarstellung, Konfliktverlauf | • Den zeitlichen Verlauf des Romans erarbeiten und darstellen | • Kapitelübersicht zum Roman → **i.3**<br>• Stimmungskurve Seras bzw. Nikos → **k.5**<br>• Überblicksplakat zum Roman gestalten |
| | • Eine Figurenkonstellation/ein Soziogramm erarbeiten | • Figurenkonstellation → **i.5**<br>• Grafische Umsetzung der Figurenkonstellation |
| | • Die Beziehung zwischen Figuren herausarbeiten | • Sera und Niko zum Beginn/Ende des Romans<br>• Beziehung Niko/Sera (ganzer Roman) → **k.9** |
| | • Figuren charakterisieren; relevante Textstellen mithilfe der Kapitelübersicht auffinden → **i.5** | • Sera und Niko (Kap. 1–4) → **k.2**<br>• Niko und Sera im Vergleich (Kap. 18–30) → **k.5**<br>• Nikos bzw. Seras Stimmungskurve (Kap. 18–30) → **k.5** |
| | • Handlungsräume analysieren, auch hinsichtlich der Symbolik | • Klassenausflug/Kletterpark (Kap. 5–8) → **k.3**<br>• Abhauen (Kap. 18–30) → **k.5** |
| | • Ein Thema bzw. Motiv über den ganzen Roman hinweg verfolgen | • Baum klettern und baden (Kap. 1–39) → **k.6**<br>• Nikos Eltern (ganzer Roman) → **k.6** |
| | • Den Konfliktverlauf zwischen Figuren grafisch bzw. verbal darstellen | • Beziehungskurve Niko/Sera → **k.9** |
| • Wesentliche Fachbegriffe zur Erschließung von Literatur kennen und anwenden | • Die Erzählperspektive wechseln: eine Textstelle aus anderer Perspektive erzählen | • Sera im Supermarkt (Kap. 4) aus Seras Perspektive<br>• Nikos mutiges Einschreiten (Kap. 7) aus der Perspektive von Marko<br>• Der Tanz (Kap. 9–13) aus Melindas Perspektive |
| | • Leerstellen des Romans füllen | • Die Trennung von Nikos Eltern<br>• Frau Mast telefoniert abends mit Seras Vater und Nikos Oma<br>• Melinda kommt an Seras Liste |
| | • Den Spannungsverlauf untersuchen/eine Spannungskurve erstellen | • Im Kletterpark (Kap. 7–9)<br>• Spannungskurve zum gesamten Roman → **k.10** |
| | • Einen inneren Monolog einer Figur verfassen | • Melinda nach dem abendlichen Gespräch mit Sera (Kap. 7)<br>• Marko nach seiner Niederlage (Kap. 53)<br>• Tagebucheinträge der Figuren am Romanende |
| • Sprachliche Gestaltungsmittel in ihren Wirkungszusammenhängen und in ihrer historischen Bedingtheit erkennen, z. B. Wort-, Satz- und Gedankenfiguren, Bildsprache (Metaphern) | • Die Namen von Figuren oder Schauplätzen unter die Lupe nehmen | • Seras Vorname (Kap. 1–4)<br>• Flucht vom Klassenausflug als Ort der Freiheit |
| | • Sprachliche Bilder/Metaphern und mögliche Symbole im Text erkennen, ihre Bedeutung verstehen und über ihre Leistungen diskutieren | • Vergleiche und Metaphern im Roman auffinden (Kap. 9–17) → **k.4**<br>• Symbolhafte Elemente (ganzer Roman) → **k.6** |
| | • Redeformen (Figurenrede, Erzählerrede) identifizieren | • Gespräch mit Little (Kap. 4) |
| | • Stilaspekte untersuchen | • Rückblenden auffinden (Kap. 1, Kap. 42)<br>• Zeitsprünge<br>• Spannungskurve erstellen → **k.10**<br>• Äußere und innere Handlung |
| • Eigene Deutungen des Textes entwickeln, am Text belegen und sich mit anderen darüber verständigen | • Eine kontroverse Diskussion zu bestimmten Aspekten oder Figuren führen | • Was kann man gegen Mobbing tun? (Kap. 1–4) → **k.2**<br>• Wie könnten Markos Taten bestraft werden? (Kap. 5–8) → **k.3** |
| | • Mittels Alter-Ego-Technik die möglichen Gedanken von Figuren darstellen | • Nachtwanderung (Kap. 6 f.), Party (Kap. 8–15), Gespräch mit Frau Mast (Kap. 34) und Sumoringen (Kap. 49–54) → **k.10** |
| | • Den Spannungs- bzw. Stimmungsbogen des Romans/eines Kapitels grafisch darstellen | • Spannungskurve zum ganzen Roman → **k.10**<br>• Stimmungskurve von Sera/Niko (Kap. 18–30) → **k.5** |
| | • Eine Rezension zum Roman verfassen | • Rezensionen im Internet recherchieren<br>• Eine eigene Rezension verfassen |

| Bildungsstandards | Methoden | Beispiele |
|---|---|---|
| • Analytische Methoden anwenden | • Den Inhalt eines Textabschnitts rekonstruieren und wiedergeben | • Romananfang (Kap. 1–4) → **k.2**<br>• Der Vorfall im Kletterpark (Kap. 5–8) → **k.3**<br>• Seras Dilemma (Kap. 40–48) → **k.7** |
| | • Den antizipierten und realen Handlungsverlauf vergleichen | • Vor der Klassenfahrt (Kap. 4)<br>• Nikos Eltern (ganzer Roman) → **k.10** |
| | • Untersuchen, wie im Text Spannung erzeugt wird | • Andeutungen zu Nikos Eltern → **k.10**<br>• Spannungskurve zum Roman → **k.10** |
| | • Ein Kapitel mit einem subjektiven »Untertext« versehen | • Nachtwanderung (Kap. 6 f.)<br>• Showdown (Kap. 49–57) → **k.8** |
| | • Handlungsmotive einer Figur herausarbeiten | • Sera und Niko (Kap. 1–4) → **k.2, k.5**<br>• Markos Rücksichtslosigkeit (Kap. 5–8) → **k.3**<br>• Der Tanz (Kap. 9–17) → **k.4**<br>• Seras Kaugummi (Kap. 31–39) → **k.6** |
| | • Textstellen interpretieren und mit eigenen Worten erklären | • Die Tat im Kletterpark (Kap. 5–8) → **k.3**<br>• Klassenausflug (Kap. 9–17) → **k.4**<br>• Seras Dilemma (Kap. 40–48) → **k.7** |
| | • Den thematischen Hintergrund des Romans erhellen | • Mobbing in der Schule → **k.2**<br>• Freundschaft und Liebe<br>• Übergewicht → **k.7** |
| | • Eine gemeinsame Reflexion der Lektüre durchführen | • Bei einem Abschlussgespräch Einschätzungen und Bewertungen austauschen |
| • Produktive Methoden anwenden | • Ein eigenes Lesetagebuch bzw. einen Leseordner zum Roman führen | • Individuelle Einträge<br>• Eigenes Cover gestalten |
| | • Einen Comic oder eine Fotostory zu einem Kapitel des Romans erstellen | • Nikos Klamotten (Kap. 1)<br>• Der Kampf auf dem Schulfest (Kap. 49–57) → **k.8** |
| | • Einen Steckbrief zu einer Figur erstellen | • Sera und Niko (Kap. 1–30)<br>• Little |
| | • Ein fiktives Interview mit einer Figur führen | • Interviews mit den Figuren am Ende des Romans → **k.9** |
| | • Einen fiktiven Dialog zwischen Romanfiguren verfassen | • Sera und Farid sprechen nach dem Klassenausflug miteinander (Kap. 31)<br>• Niko und Sera berichten Frau Mast von Markos Nötigung (Kap. 34) |
| | • Gedanken und Gefühle der Figuren imaginieren | • Mobbing (Kap. 1–4) → **k.2**<br>• Seras Hilflosigkeit (Kap. 7) → **k.3**<br>• Nikos und Seras Gefühle (Kap. 18–30) → **k.5** |
| | • Den Roman weiterdenken und -schreiben | • Sera und Niko sprechen nach dem Baden im Moorsee (Kap. 57)<br>• Klassengespräch zum Mobbing |
| | • Eine Textstelle weiterschreiben | • Frau Mast und die Schüler suchen abends (nach Kap. 15)<br>• Little erzählt Osman vom Gespräch mit Sera (Kap. 45) |
| | • Eine Textstelle umschreiben | • Sera schreitet ein (Kap. 1–4) → **k.2**<br>• Niko versucht, Sera davon zu überzeugen, nicht abzuhauen (Kap. 15) |
| | • Standbilder prägnanter Szenen darstellen und erraten lassen | • Nachtwanderung (Kap. 5–8) → **k.3**<br>• Sumoringen (Kap. 49–54) |
| | • Einen Brief einer Figur an eine andere Figur verfassen | • Niko schreibt an Sera nach der Rückkehr (Kap. 34)<br>• Sera schreibt ausführlich an Niko (am Romanende)<br>• Niko schreibt an seine Eltern (am Romanende) |

| Bildungsstandards | Methoden | Beispiele |
|---|---|---|
| | • Einen Brief an eine Figur verfassen | • An Niko nach dem fiesen Mobbing (Kap. 1–4)<br>• An Marko nach seiner Nötigung (Kap. 7)<br>• An eine Hauptfigur am Ende des Romans |
| | • Zu einem Kapitel einen Tagebucheintrag verfassen | • Seras bzw. Nikos Tagebucheintrag (nach Kap. 8) → **K.3**<br>• Nikos Tagebucheintrag nach seinem Sieg (nach Kap. 57) |
| | • Eine Ich-Erzählung einer Figur verfassen | • Das Mobbing aus Markos Perspektive (Kap. 1)<br>• Der Tanz aus Frau Masts Perspektive (Kap. 9–14) |
| | • Eine Reportage bzw. einen Zeitungsbericht über eine Textstelle verfassen | • Rettungstat im Kletterpark (Kap. 7)<br>• Abgehauen (Kap. 15–34) |
| | • Ein literarisches Rollenspiel z. B. zu einer Szene durchführen | • Nachtwanderung (Kap. 6 f.), die Party (Kap. 8–15), Besuch bei der Tanke (Kap. 27 f.), Gespräch mit Frau Mast (Kap. 34), Sumoringen (Kap. 49–54) → **K.10** |
| | • Einen Handlungsort oder eine Szene malen, zeichnen oder nachbauen | • Niko unterm Baum (Kap. 1–4) → **K.2**<br>• Nikos Rettungstat (Kap. 7)<br>• Absturz von der Schaukel (Kap. 19 f.) |
| | • Eine thematische Aktion durchführen | • Mobbing in der Schule → **K.2**<br>• Übergewicht → **K.7**<br>• Freundschaft und Liebe |
| | • Ein Rätsel zu einem Kapitel oder zum Roman erstellen bzw. lösen | • Kreuzworträtsel<br>• Silbenrätsel (vgl. → **K.2**) |
| | • Ein alternatives Titelbild erstellen | • Bildmaterial über Bildagenturen<br>• Als Cover für das Lesetagebuch |
| | • Ein Plakat bzw. eine Collage zum Buch erstellen | • Mit Zeichnungen, Zeitschriftenausschnitten, Textzitaten etc. |
| | • Ein Gedicht zu einem Kapitel verfassen | • Freundschaft<br>• Mobbing in der Schule<br>• Entweder aus der Perspektive einer Figur (lyrisches Ich) oder aus der eines allwissenden Autors |
| | • Einen Anschlusstext zu einem Textausschnitt verfassen | • Ratgeber-Text »Flirten« (Kap. 31–39) → **K.6**<br>• Sachtext/Essay zum Thema Freundschaft (Kap. 49–57) → **K.8** |
| • Handlungen, Verhaltensweisen und Verhaltensmotive bewerten | • Sympathie/Antipathie zu den Figuren thematisieren | • Sympathiekurven zu Figuren erstellen<br>• Figuren nach Sympathie ordnen |
| | • Zu den Romanfiguren Stellung beziehen, ihr Verhalten und Handeln bewerten und kommentieren | • Mobbing (Kap. 1–4) → **K.2**<br>• Markos Nötigung (Kap. 7) → **K.3**<br>• Die Freundschaft zwischen Sera und Niko<br>• Abhauen (Kap. 9–17) → **K.4** |
| **→ Sach- und Gebrauchstexte verstehen und nutzen** | | |
| • Hintergrundinformationen suchen, verstehen, auswerten und vergleichen | • Eine Collage erstellen | • Freundschaft und Liebe<br>• Mobbing in der Schule<br>• Klassenausflug |
| **→ Medien verstehen und nutzen** | | |
| • Informationsmöglichkeiten nutzen | • Internet- und Buchrecherche zu Themen des Romans | • Mobbing in der Schule → **K.2**<br>• Übergewicht → **K.7**<br>• Freundschaft und Liebe |
| • Medien zur Präsentation und ästhetischen Produktion nutzen | • Powerpoint-Präsentationen bzw. Hypertexte erarbeiten, vorstellen und reflektieren | • Die Autorin Stefanie Höfler<br>• Sprachbilder und Symbole in »Tanz der Tiefseequalle« |

u.6

# VORSCHLAG FÜR EINE UNTERRICHTSEINHEIT

Jede Unterrichtseinheit zu einem Jugendroman nimmt sinnvollerweise Bezug auf die konkreten Lernvoraussetzungen Ihrer Schüler:innen, aber auch auf Ihre eigenen Erfahrungen und Planungsziele. Wir möchten Ihnen hier ein Grobraster für eine Unterrichtseinheit zu »Tanz der Tiefseequalle« vorstellen, das nach dem Grundsatz »erschließend, nicht erschöpfend« vorgeht. Die Einheit besteht, unterstützt durch die Infoblätter und Kopiervorlagen aus diesem Heft, aus vier unterschiedlichen Modulen:

- Modul A: Den Roman lesen und erarbeiten
- Modul B: Thematische Aspekte bearbeiten
- Modul C: Projektorientiert mit dem Roman arbeiten
- Modul D: Die Lektüre reflektieren

Empfehlenswert ist der Einsatz eines Lesetagebuchs bzw. Leseordners. Hier finden eigene Gedanken und Notizen, aber auch im Unterricht erarbeitete Aspekte Platz und können immer wieder nachgeschlagen werden. Somit ist eine Sicherung der Ergebnisse gewährleistet. Außerdem bietet ein Lesetagebuch bzw. Leseordner den Vorteil, dass sich die Schüler:innen je nach ihren Interessen darin vertiefen können. Zusätzlich können die Arbeitsblätter darin abgelegt werden, sodass nach und nach ein persönliches »Lektürebuch« entsteht, das am Ende der Einheit als Grundlage für die individuelle Reflexion und auch für die Bewertung von Schülerleistungen genutzt werden kann.

## Einstiegssequenz
(2–4 Unterrichtsstunden)

- Gemeinsames Betrachten des Buchcovers (Qualle, Tanz), Vermutungen zu Titel und Titelbild anstellen (Schauplatz, Zeit, Figuren)
- Assoziationen zum Umschlagtext stichwortartig auf einem Plakat als Mindmap sammeln und in der Klasse aufhängen
- Erstellen eines Zeilometers (**k.1**)
- Ein Lesetagebuch oder einen Leseordner anlegen (Titelbild selbst gestalten, Anlegen eines Inhalts- und Figurenverzeichnisses, Informationen zur Autorin)
- Kapitel-Nummern im Buch eintragen (1 bis 57)
- Gemeinsames Lesen von Kapitel 1 bis 4; Annäherung an die Figuren Sera, Niko, Little und Melinda

## Modul A: Den Roman lesen und erarbeiten

- Lektüre der Erzählung teils häuslich (z. B. mit Notizen ins Lesetagebuch/in den Leseordner oder ins Deutschheft), teils im Unterricht (Vorlesen durch Lehrer:in und Schüler:innen, stille/freie Lesephasen)
- Schwerpunktmäßige Bearbeitung des Romans mithilfe der Kopiervorlagen → **k.2** bis **k.10**
- Weitere Anregungen aus der »Methodenkiste« in diesem Heft → **u.5**

## Modul B: Thematische Aspekte bearbeiten

- Weiterführende Quellen und Materialien z. B. zu den Themen »Mobbing«, »Freundschaft und Liebe« und »Gewalt und sexueller Missbrauch« (auch im fächerübergreifenden Unterricht)
- Präsentation der Arbeitsergebnisse, z. B. durch Plakatvortrag, Powerpoint-Präsentation, Wandzeitung, Rollenspiel oder andere Formen

## Modul C: Projektorientiert mit dem Roman arbeiten

- An unterschiedlichen, selbst gewählten Themen in Einzel-, Partner- bzw. Gruppenarbeit arbeiten
- Bearbeitung der Kopiervorlagen, die nicht in Modul A und B eingesetzt wurden
- Weitere Anregungen aus der »Methodenkiste« in diesem Heft → **u.5**
- Präsentation von Arbeitsergebnissen (s. o.)

## Modul D: Die Lektüre reflektieren

- Präsentation von Arbeitsergebnissen aus den Lesetagebüchern bzw. Leseordnern
- Verfassen einer Rezension zum Roman (z. B. als Lernzielkontrolle)
- Abschließendes Gespräch über die subjektiven Leseeindrücke und Bewertungen der Schüler:innen

# Infoblätter

© Christina Neidenbach

## DIE AUTORIN STEFANIE HÖFLER

i.1

Stefanie Höfler, geboren 1978, studierte Germanistik, Anglistik und Skandinavistik in Freiburg und Dundee/Schottland. Sie arbeitet als Lehrerin und Theaterpädagogin in Esslingen (Baden-Württemberg), wo sie mit ihrer Familie lebt.

»Tanz der Tiefseequalle« ist nach »Mein Sommer mit Mucks« (2015) ihr zweiter Jugendroman.

### Auszeichungen für »Tanz der Tiefseequalle«

- LUCHS des Jahres 2017 (ZEIT/Radio Bremen), Dezember 2017
- Die besten 7 Bücher für junge Leser (Deutschlandfunk), Mai 2017
- Monats-LUCHS (ZEIT/Radio Bremen), März 2017
- Nominiert für den Deutsch-Französischen Jugendliteraturpreis 2018
- Auf der Empfehlungsliste des Katholischen Kinder- und Jugendbuchpreises 2018
- Nominiert für den Deutschen Jugendliteraturpreis 2018, Kategorie Jugendbuch

## INTERVIEW MIT STEFANIE HÖFLER: »ICH DENKE IN BILDERN«

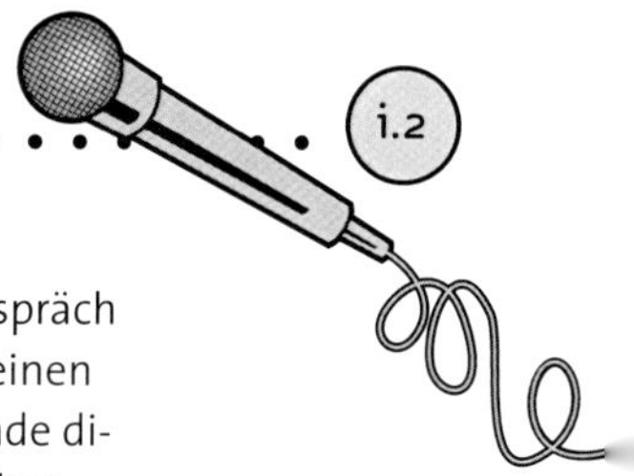

i.2

Stefanie Höfler über die Idee zu ihrem Roman, ihre Lieblingsfigur und ihre Erfahrungen beim Vorlesen des Buchs

? *Liebe Frau Höfler, welche Maschine hätten Sie gerne schon einmal erfunden?*

Funktionierende Menschen-Flügel, die einen leicht und sicher in die Luft (und wieder runter) bringen.

? *Wie entstand bei Ihnen die Idee zu »Tanz der Tiefseequalle«? Was war zuerst da? Die Idee zu einer ungewöhnlichen Freundschaft zwischen zwei Jugendlichen, das schwierige Thema Mobbing oder der Baum und der Weiher als symbolhafte Location?*

Der Roman hat seinen Ursprung in einem Gespräch mit meiner Lektorin Barbara Gelberg. Es gab einen Roman einer anderen Autorin, in dem am Rande dicke Jugendliche auftauchten, und darüber haben sich manche Leser sehr aufgeregt. Dieses »Das gibt es zwar, aber da spricht man doch nicht drüber!« – das ist immer etwas, was mich ärgert. Denn klar ist es vielleicht nicht das gemütlichste Thema, übers Dicksein (oder andere körperliche Auffälligkeiten) zu sprechen. Aber Menschen, die anders aussehen, nicht der Norm entsprechen, die gibt es eben, ob man nun drüber spricht oder nicht. Und dann ist es ja so: Hinschauen, starren, tuscheln tun trotzdem alle. Deshalb steht Niko in meiner Geschichte mitsamt seinem Körper im Mittelpunkt – und es wird sehr drastisch genau über das geredet, was viele nicht so gerne thematisieren.

*Wie verlief der Schreibprozess? Haben Sie oft Textteile überarbeitet oder gestrichen?*

Ich überarbeite dutzende Male, streiche Wörter, Sätze, stelle um und füge ein. So entsteht für mich am Ende eine gute Geschichte. Und so entsteht vor allem der ganz besondere Rhythmus, die eigene Sprache des Erzählers – oder hier der beiden Erzähler.

*Sie haben die Geschichte aus der doppelten Ich-Perspektive von Sera und Niko erzählt – gab es für Sie auch Alternativen?*

Ich wollte unbedingt diese beiden Perspektiven: die innere Sichtweise von Niko und die äußere Sichtweise auf Niko. Und natürlich hängt an der äußeren Perspektive ein eigener Mensch dran – nämlich Sera. Und die hat auch Gefühle, Gedanken, Sichtweisen. Das ist übrigens etwas, was auch Niko erst einmal kapieren muss: Sera ist nämlich auch ein sehr spezieller Mensch und ganz anders, als Niko sie eingeschätzt hat.

*Wie viel der jugendlichen Stefanie Höfler steckt in Sera bzw. Niko?*

Ich kenne, wie jeder Mensch, Gedanken und Gefühle zum eigenen Körper, aber auch diese Blicke, die man auf andere Körper wirft. Und dieses Körperthema ist für mich das Kernthema des Romans, gar nicht so sehr das Mobbing. Charakterlich bin ich den beiden Hauptfiguren nicht so wahnsinnig ähnlich, glaube ich.

*Die Lehrer:innen wirken im Roman größtenteils wie eine Mischung aus Überforderung und Desinteresse an den Schülerinnen und Schülern. Spricht daraus möglicherweise die Lebenserfahrung der Autorin?*

Vielleicht die negativen Erfahrungen, die man neben vielen positiven Erfahrungen bei der Arbeit an der Schule auch macht.

Als Lehrer will man oft Gutes und ist dann doch hilflos, weil viel Blödes außerhalb der eigenen Wahrnehmung stattfindet – gerade das Mobbing – und das ist ja auch Absicht! Viel von dem, was Frau Mast und ihre Kollegen falsch machen, ist also wohl nicht absichtlich Desinteresse. Aber ich werde so oft drauf angesprochen – also anscheinend habe ich die Lehrer negativer dargestellt als ich wollte. Ja, okay, Frau Mast ist nicht gerade ein sympathischer Charakter. Also, ich glaube, die nächste Lehrerfigur muss dringend mal eine positive werden! Dafür habe ich nämlich auch ganz viele Ideen im Kopf.

*Welche ist Ihre Lieblingsfigur im Roman?*

Little. Ich mag ja immer meine Nebenfiguren besonders gerne.

*Und Ihre Lieblingsstelle?*

Die Schaukelszene. Weil da beide, Sera und Niko, mit ihren Vorurteilen konfrontiert werden. Und weil die Stelle traurig, leise, verrückt und witzig zugleich ist. Und dann noch das Ende, dieses unwirkliche Abtauchen der beiden im See.

*Ist es Ihnen beim Schreiben des Romans vorgekommen, dass sich eine Figur ganz anders entwickelt hat, als Sie es zunächst gedacht haben?*

Sera hat sich stark verändert, hat ihr Eigenleben bekommen. Sie hat während des Schreibens immer mehr diesen knappen, etwas rotzigen Ton bekommen – und mit ihm ihre ganze Originalität als Figur.

*Im Roman finden sich zahlreiche bildhafte Elemente, Vergleiche, Metaphern und Symbole: die Figur wie ein Michelin-Männchen, Seras Gefühle wie im Ameisenhaufen, der schrill pfeifende Vogel im Wald, der Kaugummi im Mülleimer. Planen Sie solche Elemente bewusst ein oder fließen sie Ihnen aus der Feder bzw. Tastatur?*

Ich denke so, in Bildern. Wenn ich etwas sehe, eine Situation erlebe, dann sehe ich oft gleich etwas anderes mit, an das mich die Situation erinnert. Ich glaube, daher kommt das. Und Gerüche und Geräusche nehme ich auch sehr intensiv wahr, das findet sich dann auch im Text wieder.

*Haben Sie beim Schreiben mit dem Gedanken gespielt, bestimmte schwer verdauliche Szenen des Romans, z. B. die drastischen Mobbingszenen oder Markos gewalttätigen Übergriff im Kletterpark, draußen zu lassen, weil sie ihren jugendlichen Leser:innen nicht zu viel zumuten wollten?*

Nein, nie. Die Welt ist, wie sie ist. Wieso sollte ich den Jugendlichen weniger zumuten, als das echte Leben ihnen zumutet?

*Stand für Sie das Ende des Romans von vornherein fest?*

Nein, nicht ganz. Aber diesen geheimnisvollen See, den hatte ich vor Augen. Was genau dort passieren würde, wusste ich aber noch nicht.

?*Wie könnte die Geschichte zwischen Sera und Niko Ihrer Meinung nach weitergehen?*

Diese Frage gebe ich weiter an meine Leser. Das hängt nämlich sehr von den persönlichen Vorstellungen von Menschen und dem Leben überhaupt ab, welche Antwort man darauf gibt.

?*Wie würden Sie sich die Behandlung Ihres Romans im Unterricht wünschen?*

Mit vielen Diskussionen. Wenn es eine gute Atmosphäre in der Klasse gibt, dann werden ehrliche Erzählungen aus dem eigenen Erleben dabei entstehen und Klassenkameraden werden sich gegenseitig überraschen. Denn jeder hat Erfahrungen mit seinem eigenen Körper, wie er ihn sieht. Ebenso wie jeder Erfahrung damit hat, dass man jemanden falsch eingeschätzt hat, nur aufgrund seines Aussehens.

?*Welche Erfahrungen machen Sie, wenn Sie aus dem Roman vor Kindern bzw. Jugendlichen lesen?*

Manche Gruppen sind sehr zurückhaltend, in anderen steht jemand auf und sagt: »Ich bin anders und ich bin ein Mobbingopfer, ich wollte das jetzt hier mal sagen.« Das kann jemand mit Übergewicht sein, jemand mit feuerroten Haaren oder dunkler Hautfarbe oder ein Mädchen mit Kopftuch. Und dann entstehen Gespräche.

Fast immer brodelt es in der Gruppe, wenn die Jugendlichen nach der Lesung hinausgehen. Ich glaube, dass der Roman viele Situationen beschreibt, die jeder, wirklich jeder kennt – wenn er ehrlich ist.

?*»Tanz der Tiefseequalle« hat zahlreiche Preise und sehr wertschätzende Rezensionen erhalten. Über welches Feedback zu Ihrem Roman haben Sie sich bislang besonders gefreut?*

Lustigerweise über das Feedback eines Technikers, der eine Lesung betreut hat. Das war ein mittelalter Mann, der eigentlich nur dableiben wollte, bis das Mikro eingestellt war. Und dann ist er hängengeblieben an der Geschichte. Nach der Lesung hat er mir gesagt, dass er ein dicker Jugendlicher war und dass ihn vieles an Nikos Geschichte sehr berührt hat, er vieles wiedererkannt hat, aber auch lachen konnte darüber, wie ich Nikos Situation beschreibe. Da habe ich mich sehr gefreut.

?*Auf welches neue Werk von Ihnen dürfen wir uns freuen? Gibt es Pläne?*

Im August 2018 erscheint »Der große schwarze Vogel«, ein Roman über einen unerwarteten Todesfall in der Familie. Das ist mein bisher persönlichster Roman und ich freue mich sehr darauf, ihn bald als Buch in der Hand zu halten.

Interview: Marc Böhmann (April 2018)

## i.3 Tabellarische Kapitelübersicht

Anmerkung: Die Kapitel sind im Roman nicht nummeriert. Der Übersicht halber ist hier die Zählung eingefügt. Dies kann auch bei der Behandlung des Romans im Unterricht hilfreich sein.

Die ungeraden Kapitel sind aus Seras Perspektive erzählt, die geraden Kapitel aus Nikos Sicht. Das letzte Kapitel vermischt beide Erzählperspektiven.

| Kapitel | Seite | Erzähltes Geschehen |
|---|---|---|
| 1 | 5–9 | Sera und Melinda sind in der Mittagspause auf dem Schulhof und sehen, wie Niko alleine unter dem Baum steht, weil sein Rucksack im Baum hängt. Das ist nicht die einzige Mobbing-Aktion der Klasse: Vor kurzem wurde ihm von den Jungs in der Sportumkleidekabine das Handtuch gestohlen. Sera wundert sich, dass Niko bei all den Mobbing-Attacken so ruhig und cool bleibt. |
| 2 | 10–13 | Niko stellt sich einen Sprunganzug und andere Erfindungen vor. Damit würde er auf den Baum kommen. Er geht zum Hausmeister, bittet ihn um ein Seil und bekommt auch eine Kabeltrommel dazu. Damit holt er sich den Rucksack vom Baum. Niko leidet sehr unter seinem Übergewicht und den Hänseleien der Mitschüler, versucht aber, dies so gut wie möglich zu ignorieren. Er geht seit seinem Umzug oft zu Osman in die Autowerkstatt. |
| 3 | 14–17 | Sera überlegt sich, ob Niko schon immer so dick war. Sie beschreibt sich und ihr Leben. Sie freut sich wie alle anderen auch auf den Klassenausflug.<br>Als sie Niko am Schulausgang trifft, winkt sie ihm zu und ruft »Tschüs«. |
| 4 | 18–24 | Niko wundert sich, dass ihr Sera zuwinkt. Einmal trafen Niko und sein Freund Little Sera im Supermarkt. Little war hin und weg von ihr.<br>Niko denkt an den bevorstehenden Klassenausflug und befürchtet weitere Mobbing-Attacken. Little schlägt ihm mehrere Strategien vor, warum er noch kurzfristig einen Rückzieher machen könnte. Niko will aber fahren, vor allem, damit sich seine Oma nicht noch mehr Sorgen um ihn macht.<br>Er geht noch zu Osman, der ihm einen großen Schraubenzieher als Talisman gibt. |
| 5 | 25–29 | Sera packt den Rucksack für die Klassenfahrt. Im Bus sorgt Marko dafür, dass sich Sera neben ihn setzt. Beim Aussteigen kitzelt er sie am Bauch. Nach der Ankunft geht die Klasse ins Spaßbad. Auch beim Rutschen wird Marko immer zudringlicher. Dann beleidigt Marko Niko, woraufhin dieser eine Arschbombe macht und Marko dazu bringt, viel Wasser zu schlucken. |
| 6 | 30–35 | Niko spürt, dass er sich vor allem gegen Marko aufgelehnt hat, weil Sera dabei war. Nach der Zimmerverteilung und dem Abendessen macht die Klasse eine Nachtwanderung.<br>Niko läuft mit Frau Mast am Ende der Gruppe. Sie sucht das Gespräch mit ihm, wird aber von Niko abgeblockt. Als Frau Mast ein kleines Feuer weiter vorne löschen muss, bekommt Niko mit, wie Marko und Sera gemeinsam laufen und er seinen Arm um sie legt. |
| 7 | 36–42 | Sera schiebt Markos Arm nicht weg, obwohl sie kein gutes Gefühl hat, auch als er in ihre Haare fasst. Nachdem es vorne mehrfach brennt, bricht Frau Mast die Nachtwanderung ab. Sera ist froh, dass sie sich nicht mehr gegen Markos Zudringlichkeiten wehren muss. Abends redet sie noch mit Melinda im Zimmer, danach schläft sie schlecht.<br>Am nächsten Morgen geht die Klasse in den Kletterpark. Niko schafft den Parcours nicht und muss von den Parkmitarbeitern aus dem Seil geholt werden. Als sich Sera abseits auf einen Holzzaun setzt, kommt Marko, fasst sie an und küsst sie direkt auf den Mund. Dann begrapscht er ihre Brüste. Als Sera panisch wird und weg will, hält Marko sie grob fest, fasst ihr an den Po und quetscht sie rücksichtslos an seinen Körper. Sera ekelt sich, versucht, Marko wegzudrängen, und bittet ihn verzweifelt, sie loszulassen, aber ohne Erfolg. Sie hat Angst, um Hilfe zu rufen. Dann ruft jemand hinter ihr: »Lass Sera los.« |
| 8 | 43–45 | Niko wundert sich, woher er den Mut nimmt, Marko in die Schranken zu weisen, und warum es funktioniert. Sera geht zuerst zu Niko und stürmt dann auf Melinda zu, die gerade auftaucht. |
| 9 | 46–51 | Während Melinda Sera ausfragt, schaut Marko wütend auf Sera, der es jetzt leidtut, dass sie Niko hat stehen lassen und dass sie sich bei ihm noch nicht für seine Rettungstat bedankt hat. Sera und Melinda gehen weg, um sich ein Eis zu holen.<br>Sera hat keine Lust auf die Party am Abend im Partyraum der Jugendherberge. Sie hat Angst davor, dass Marko noch einmal zudringlich wird. Unten im Partykeller wird Sera von allen komisch angesehen. Beim Tanzen beachtet Marko sie nicht. Als beim Stehblues alle anderen Schüler miteinander tanzen, bleiben Sera und Niko übrig. Sera fordert Niko auf, mit ihr zu tanzen. |

| Kapitel | Seite | Erzähltes Geschehen |
|---|---|---|
| 10 | 52 | Niko ist total perplex. |
| 11 | 53 | Weil Niko nicht nein sagt, beginnen beide, Stehblues zu tanzen. |
| 12 | 54 | Niko genießt es völlig, mit Sera zu tanzen. |
| 13 | 55 | Sera freut und wundert sich, dass Niko gut im Takt tanzen kann. |
| 14 | 56–59 | Obwohl Niko spürt, dass irgendetwas mit der Gruppendynamik in der Klasse und mit Sera nicht stimmt, ist es für ihn der perfekte Moment. Dann fangen alle anderen an, sich über ihn und Sera lustig zu machen und sie zu beleidigen, Niko unter anderem als tanzende Tiefseequalle.<br>Kurz darauf reißt sich Sera los und rennt aus dem Partykeller. Augenblicke später folgt ihr Niko und setzt sich draußen unter einen Obstbaum. Oben vom Ast fragt ihn Sera, wie er dieses permanente Mobbing aushält. Beide sprechen über ihre Gefühlslagen. |
| 15 | 60–64 | Sera erkennt, dass Niko eigentlich ganz nett ist. Sie bedankt sich endlich bei ihm für die Rettung im Kletterpark. Als beide schon beschließen, zurück auf ihre Zimmer zu gehen, schlägt Sera spontan vor, gemeinsam abzuhauen. |
| 16 | 65–69 | Niko ist zuerst skeptisch, dann aber einverstanden. Beide holen aus dem Aufenthaltsraum ihre Jacken und zwei Wolldecken. Sie laufen anschließend in die Nacht hinein. Irgendwann bei einer Baumgruppe beschließt Sera, hier zu bleiben. Sie kuschelt sich in ihre Decke und Niko setzt sich daneben. Er schlägt vor, zurückzugehen, aber Sera lehnt dies entschieden ab. Dann deutet Niko ihr an, dass etwas mit seinen Eltern ist und er bei seiner Oma lebt. |
| 17 | 70–71 | Sera hat Angst vor den Folgen ihres Abhauens. Sie fragt Niko nach seinem Schraubenzieher und schläft dann ein. |
| 18 | 72–74 | Als die Sonne am Sonntagmorgen aufgeht, wird Niko wach und sieht sich Sera an. Er findet sie wunderschön. Dann wacht auch Sera auf. Plötzlich taucht eine Schafherde auf. Niko geht zu den Schafen, dann dreht er sich wie ein Kreisel, brüllt laut und lässt sich glücklich auf den Boden fallen. |
| 19 | 75–77 | Sera wundert sich über Nikos Gefühlsausbruch, findet es aber sympathisch. Sie ruft per Handy ihren Vater an, der sie sofort brüllend nach Hause beordert. Sie sagt, sie käme bald nach Hause, und drückt das Gespräch weg.<br>Nach einem gepflückten Apfel zum Frühstück gehen beide weiter und kommen in ein Dorf, das ihnen wie ausgestorben vorkommt. Auf einem heruntergekommenen Spielplatz fangen beide an zu schaukeln. Sera fühlt sich frei und schwerelos. |
| 20 | 78 | Auch Niko fühlt sich schwerelos, bevor er abstürzt und unsanft im Sand landet. |
| 21 | 79 | Sera ist erleichtert, dass Niko sich nicht verletzt hat und lachen kann. Mit ihrem Ellbogen berührt sie seine Handfläche. Es fühlt sich gut für sie an. |
| 22 | 80–81 | Niko schildert ihr, wie es ist, dick zu sein und ausgegrenzt zu werden. Trotzdem könne man einiges witzig finden und das Leben könne Spaß machen. Dann möchte Niko von ihr wissen, wie es ist, schön zu sein. Als er ihr sagt, sie könne Model werden, wird sie ärgerlich. |
| 23 | 82 | Sera sagt ihm wütend, er könne ja mit Diät-Werbung berühmt werden. Dann entschuldigen sich beide gegenseitig. |
| 24 | 83 | Niko fühlt sich mit Sera sehr wohl und ist glücklich, jetzt mit ihr unterwegs zu sein. |
| 25 | 84–85 | Niko sagt, er würde die Entkörperungsmaschine gar nicht benutzen wollen. Auch Sera fühlt sich sehr wohl. Als Nikos Handy klingelt, streift er mit seinem Unterarm ihren Nacken. |
| 26 | 86–87 | Little ruft an und will alles wissen. Er rät ihm, die Gegenwart zu genießen, und bestellt Grüße von Osman und Oma. |
| 27 | 88–89 | Sera schlägt vor, an der Tankstelle ein Eis zu klauen. |
| 28 | 90–96 | Niko stellt seine Bedenken zurück und geht mit Sera in die Tanke. Sera nutzt ihr attraktives Äußeres und sorgt dafür, dass der junge Mann von der Kasse nach draußen geht. Sofort reißt Sera die Eistruhe auf, nimmt einen Karton heraus und sprintet weg. Niko folgt ihr.<br>Nach einer Weile essen beide ihre Beute auf. Sera stapelt die übrigen Eistüten auf Nikos Bauch. Währenddessen fragt sie ihn über seine Eltern aus. Niko sagt, seine Eltern gäbe es nicht mehr. Dann wechselt Niko das Thema und Sera hält sich kurz an seiner Schulter fest. Er möchte sie am liebsten nicht mehr loslassen. |

| Kapitel | Seite | Erzähltes Geschehen |
|---|---|---|
| 29 | 97–99 | Niko schlägt vor zu trampen. Obwohl sie zuerst skeptisch ist, probieren sie es und werden kurz darauf von einem mittelalten Paar in Richtung Ulm mitgenommen. Sera sieht sich das symmetrische Gesicht des Mannes und das vollkommen asymmetrische Gesicht der Frau genau an. Beide wirken sehr vertraut und verliebt. |
| 30 | 100–102 | Es ist früher Abend, als das Paar Sera und Niko einige Kilometer vor der Stadt absetzt. In einem kleinen Waldstück hält Sera an und zeigt Niko ihren Lieblingsplatz, einen kleinen schwarzen Weiher. Sie nehmen sich vor, irgendwann gemeinsam auf einen Baum zu steigen und in dem Weiher zu baden. Dann laufen sie an der Schule vorbei in die Stadt. |
| 31 | 103–105 | Nachdem beide bei Nikos Haus vorbeikommen, begleitet er Sera noch nach Hause. An der Tür fängt Seras Vater beide ab und brüllt. Aber Niko bleibt ruhig und höflich, reicht Seras Vater die Hand und stellt sich vor. Dann erklärt er, warum beide abgehauen sind. Von der sexuellen Belästigung durch Marko erzählen beide nichts. |
| 32 | 106 | Niko fühlt sich wie in einem Duell und spürt, dass sich Seras Vater große Sorgen um sie gemacht hat. |
| 33 | 107 | Niko sagt, er übernehme die volle Verantwortung. Seras Vater nimmt seine Tochter mit ins Haus und murmelt, Niko sei ein anständiger Junge. |
| 34 | 108–113 | Niko kommt nach Hause und wird freundlich von seiner Oma empfangen. Am nächsten Morgen, es ist Montag, müssen Sera und Niko vor dem Unterricht zu Frau Mast zum Krisengespräch. Niko spürt, dass die Zweisamkeit vom Wochenende verflogen ist und dass Sera wieder auf Distanz geht. Frau Mast wirft beiden ein unverantwortliches Verhalten vor. Niko sagt, es sei seine Idee gewesen, am Samstagabend abzuhauen. Sera widerspricht, weil es ihre Idee gewesen sei. Frau Mast kündigt an, die Konsequenzen mit dem Schulleiter zu besprechen. Auch der Lehrerin berichten die beiden nichts von Markos Belästigung und Nötigung. |
| | | Dann im Klassenzimmer geht das Mobbing der ganzen Klasse weiter, das von Markos Eifersucht ausgeht. Auch Sera wird beleidigt, sie schaut aber stolz und selbstsicher ihre Klassenkameraden an. |
| 35 | 114–115 | Sera setzt sich neben Melinda, die sie ebenso wie Marko aggressiv ansieht. Als Frau Mast die Tafel aufklappt, steht ein beleidigender Spruch darauf. |
| 36 | 116–117 | Die Klasse beleidigt weiter die beiden und Melinda zeigt sich als Rädelsführerin. Dann steht Sera auf, geht quer durchs Klassenzimmer und beendet mit dem fallenden Kaugummi aus ihrem Mund die falsche vierjährige Freundschaft mit Melinda. |
| 37 | 118–120 | Nach der letzten Stunde spricht Niko Sera an und sagt, dass es ihm leidtue. Dann läuft Melinda vorbei und beleidigt Sera als hinterhältig.<br>Plötzlich taucht Farid auf und lädt Sera und Niko zum Döner ein. |
| 38 | 121–123 | Im Dönerimbiss ist Niko unsicher, was er von Farid halten soll. Niko spürt dann aber, dass Farid in Ordnung ist und er ihm vertrauen kann. Als er mit seiner Schwester geht, ruft Niko ihr zu, dass er das mit dem Baum probieren will. Sie bestellt ihn abends auf den Schulhof. |
| 39 | 124–132 | Sera ärgert sich ein bisschen, dass sie sich jetzt wieder mit Niko trifft. Sie klettert zuerst leichtfüßig auf den Baum, dann schafft es auch Niko, weil Sera ihm die Hand reicht. Als beide oben im Baum sitzen, kommt Caro vorbei, gibt einen fiesen Spruch ab und geht wieder. Sera spürt, dass sie sich wieder mit Niko sehr wohlfühlt. Sie will wissen, warum er sich das Mobbing immer gefallen lässt. Als Sera sagt, es sei egal, ob man dick sei oder behindert oder ein Mädchen, lässt Niko seinen aufgestauten Frust heraus. Sera ärgert sich, dass es mal wieder nur um ihn geht. Als Niko geht und Sera ihn einholt, bemerkt sie, dass er weint. Niko sagt ihr, dass man als Dicker auch kein schönes Mädchen küssen kann. Und dann küsst Sera ihn. |
| 40 | 133–138 | Niko genießt den Kuss sehr, aber Sera rennt sofort danach weg. Er läuft die Hauptstraße entlang, geht zu Osman und spricht mit ihm übers Verliebtsein. Dann ruft Osman Little an, der auch sofort kommt. Niko erzählt den beiden alles über die letzten Tage. Er kann sich nicht vorstellen, dass Sera wirklich etwas von ihm wollen könnte. |

| Kapitel | Seite | Erzähltes Geschehen |
|---|---|---|
| 41 | 139–146 | Zu Hause angekommen, sagt Sera ihrem Vater, dass sie mit Niko klettern war. Unter der Dusche merkt Sera, wie sehr sie ihren Körper mag. Weil sie Schwierigkeiten hat, sich in der Küche aufs Paprikaschneiden zu konzentrieren, geht sie in ihr Zimmer. Dort erstellt sie eine Liste mit Dingen, die man besser machen kann, wenn man dick ist. Sie findet aber nicht sehr viele Dinge und steckt die Liste in ihre Hosentasche. Am nächsten Morgen hat sich Melinda von Sera weggesetzt. Alle Mitschüler ignorieren sie. Niko fehlt heute. Nach dem Unterricht geht Sera zu Nikos Wohnung. Seine Oma macht die Tür auf, Niko duscht gerade. Im Wohnzimmer sieht Sera das Foto mit dem achtjährigen Niko und seinen Eltern. Sie erfährt von der Oma, dass die Eltern noch leben. Als sie das hört, ergreift sie die Flucht. |
| 42 | 147–149 | Nikos Oma berichtet ihm, dass ein Mädchen da war und sich sehr für das Foto interessiert hat. Niko erinnert sich an den häufigen Streit seiner Eltern und den letzten gemeinsamen Urlaub. Er will morgen wieder zur Schule gehen. |
| 43 | 150–152 | Sera recherchiert zu Hause im Internet übers Dicksein, die Belastungen und Hilfen. Sie stopft sich Kissen in ihre Kleidung, um eine Ahnung davon zu bekommen, wie sich Dicksein anfühlt. Farid kommt plötzlich ins Zimmer. Beide kitzeln sich wie früher und machen eine Kissenschlacht. Farid sagt, sie stehe in einem klassischen Dilemma. Auch er weiß nicht, wie er sich entscheiden würde. |
| 44 | 153–158 | Am Mittwochmorgen erweckt Sera den Eindruck, sie wolle nichts mehr von Niko wissen. Im Sportunterricht steht Geräteturnen an, für Niko eine Katastrophe, er kracht ins Pferd.<br>In den Baum hat Caro eine Beleidigung hineingeritzt. Niko wünscht sich, dass das alles mit Sera nie passiert wäre. Dann taucht Lenni hinter ihm auf und erklärt ihm, dass er die beiden spätabends beim Abhauen gesehen habe. Außerdem gesteht er ihm, dass er das Mobbing schlimm findet. Dann geht er.<br>Als Niko zur Parkbank geht, um Little zu treffen, sieht er ihn und Sera im intensiven Gespräch. Niko spürt Eifersucht und Verzweiflung und macht kehrt. |
| 45 | 159–163 | Sera führt mit Little auf der Parkbank einen hypothetischen Dialog. Little bittet Sera, aufzuzählen, was sie an Niko mag. Am Ende bittet er Sera, falls sie mit Niko zusammen sein will, dies offenzumachen und zu Niko zu stehen. Sera willigt ein. |
| 46 | 164–166 | Niko geht zu Osman in die Werkstatt. Es ist aber niemand da. Niko setzt sich in die Einfahrt und denkt über sich und seinen Körper nach. Plötzlich kommt Sera vorbei und sieht ihn. |
| 47 | 167–171 | Sera setzt sich wortlos neben ihn. Dann kommt Osman, bietet den beiden eine Limo an und verschwindet nach hinten. Sera fragt Niko, weshalb er gesagt habe, seine Eltern seien tot. Niko sagt, es sei fast so. Beide seien im Ausland. Sie sprechen darüber, warum er übergewichtig ist. Niko macht ihr klar, dass er so bleiben will und es für ihn trotzdem besser wird. Sie kann ihn verstehen. |
| 48 | 172–173 | Sera geht. Osman und Little, der hinzugekommen ist, sind sich einig, dass Sera ihn mag. |
| 49 | 174–175 | Beim Schulfest bietet die Klasse die Mitmach-Station »Sumoringen« an. Melinda hat offenbar Seras Liste irgendwie in die Finger bekommen. Marko fordert Niko auf zu kämpfen. |
| 50 | 176–177 | Niko geht zum Sumoringen-Kreis und spürt in sich keine Angst und keinen Mut. Er wählt Marko als Gegner. |
| 51 | 178–180 | Sera fühlt sich wie bei einem altertümlichen Duell. Im Ring kämpfen beide heftig, während Lenni Sera berichtet, dass Marko allen fiese Dinge erzählt hat, die Sera angeblich über sie gesagt hat. |
| 52 | 181–182 | Niko bekommt Markos Ohr zu packen und drückt fest zu, Marko wehrt sich, aber Niko schafft es, ihn zu besiegen. Niko überlegt kurz, Marko mit der Faust ins Gesicht zu schlagen, lässt ihn dann aber los. |
| 53 | 183 | Niko steht auf und reicht Marko die Hand. Sera freut sich, dass Niko gewonnen hat. |
| 54 | 184 | Sera fragt Niko, ob er Hunger habe. Niko merkt, dass er Hunger nach etwas Größerem hat.<br>Er möchte mit ihr zum Weiher. |
| 55 | 185 | Niko sagt ihr, dass er mit ihr zum See möchte. Sera stimmt zu. |
| 56 | 186 | Am See sagt Niko ihr endlich, was er denkt. Sera antwortet, ihr täte der Kuss nicht leid. |
| 57 | 187–189 | Niko springt in Kleidern ins kalte Wasser. Sera überlegt zu gehen, hat dann aber um Niko Angst, geht näher zum Ufer und springt schließlich ebenfalls ins Wasser.<br>Beide spüren, dass es das Richtige ist. |

## i.4 WEITERFÜHRENDE LITERATURHINWEISE

### Thematisch verwandte Jugendromane

- Terence Blacker: **Boy 2 Girl.** Weinheim: Beltz und Gelberg, 2015 (12. Auflage).
  *Matts Leben in London wird erschüttert, als seine Eltern den Cousin Sam aus den USA bei sich aufnehmen. Sam ist 13 wie Matt, aber scharfzüngig, arrogant und anstrengend. Eine Mutprobe wird ihn schon ruhigstellen, denken Matt und seine Freunde: Sam soll sich in der ersten Woche als Mädchen in der Schule vorstellen. Entsetzt stellen sie fest, dass Sam die Mutprobe nicht nur annimmt, sondern sie mit Bravour zu bestehen scheint. Dann taucht auch noch sein krimineller Vater in London auf. Gut, dass Sam jetzt wenigstens weiß, wer er sein will!*
- Jörg Isermayer: **Alles andere als normal.** Weinheim: Beltz und Gelberg, 2016.
  *Lukas ist zwölf, total normal und … stinklangweilig. Findet er. Eigentlich ist das aber ganz okay – bis er Jule trifft. Jule, die auf alles eine Antwort weiß, die Fremden hinterherspioniert und sich dazu die verrücktesten Geschichten ausdenkt. Es ist spannend mit Jule, doch irgendwas stimmt nicht mit ihr. Was genau, erfährt Lukas erst, als die beiden einer Gruppe von organisierten Fahrraddieben auf die Spur kommen und herausfinden, dass Jules Bruder in die Sache verstrickt ist.*
- Louis Sachar: **Löcher.** Weinheim: Beltz und Gelberg, 2016 (21. Auflage).
  *Der Außenseiter Stanley Yelnats landet unschuldig in einem Bootcamp in der texanischen Wüste. Die Aufgabe der einsitzenden Jungs ist ungewöhnlich: Sie sollen jeden Tag ein großes Loch in den harten Wüstenboden graben. Die autokratische Campchefin überwacht alles und alle. Durch Zufall findet Stanley dann den wahren Grund fürs Graben. Mit seinem Freund Zero flüchtet er aus dem Camp … Eine mitreißende Geschichte über die Kraft der Freundschaft.*
- Blake Nelson: **Paranoid Park.** Weinheim: Beltz und Gelberg, 2015 (7. Auflage).
  *Als »Skater« den berühmt berüchtigten illegalen »Paranoid Park« betritt, wird er in einen Kampf verwickelt, an dessen Ende ein Toter zurückbleibt. Ein Unfall, redet »Skater« sich ein. Zumindest Notwehr. Und niemand hat Schuld. Oder doch? Zweifel. Panik. Flucht. Schlaflose Nächte. Sich jemandem anvertrauen wollen. Aber es siegt die Sprachlosigkeit. Der Gedanke: Vielleicht werde ich nicht geschnappt. Schweigen. Bis Unschuld zu Mitschuld wird und die Frage, wie er damit umgehen soll, eine brisante Eigendynamik entwickelt …*
  *Blake Nelson versetzt die Leser in innere Aufruhr: eine Skater-Story über Schuld und Sühne, cool, schnell und knisternd vor Spannung.*
- Annika Thor: **Entscheide dich.** Weinheim: Beltz und Gelberg, 2014 (2. Auflage).
  *Jesper und Abbe sind beste Freunde, seit sie denken können. Noch aus Kinderzeiten stammt ihr Gedankenspiel »Wie würdest du entscheiden, wenn du die Wahl hättest zwischen …?«. Doch Jesper hat inzwischen anderes im Kopf, er ist glücklich verliebt in Annie. Abbe wendet sich daraufhin der Klassenclique zu und gerät in ein Durcheinander aus Kraftproben und Alkoholexzessen. Als ein Junge die Clique anstiftet, sich brutal an seiner Exfreundin zu rächen, wird für Abbe aus dem alten Gedankenspiel plötzlich Ernst. Und ausgerechnet in diesem Moment ist Jesper nicht für ihn da …*

### Links und Literatur zum Thema »Mobbing in der Schule«

- http://www.schueler-gegen-mobbing.de/mobbing-in-der-schule/
- https://www.stern.de/familie/kinder/mobbing-in-der-schule--so-helfen-sie-ihrem-kind-3462862.html
- http://www.spiegel.de/lebenundlernen/schule/mobbing-in-der-schule-tipps-von-einem-ehemaligen-opfer-a-1115344.html
- Wilfried Schubarth: Gewalt und Mobbing an Schulen. Möglichkeiten der Prävention und Intervention. Stuttgart: W. Kohlhammer, 2013 (2. Auflage).

### Link zum Thema »Sexuelle Nötigung und Missbrauch«

- www.dksb.de
  Startseite des Deutschen Kinderschutzbundes

## FIGURENKONSTELLATION

i.5

Die Schriftgröße des Namens stellt die Wichtigkeit der Figur im Roman dar.

**Frau Mast**
Klassenlehrerin, wirkt mit Klasse überfordert

**Weitere Lehrer**
Herr Helmer (bei Klassenausflug dabei), Herr Lardo (Sportlehrer)

**Baba**
(Seras Vater)
tut alles für Sera, kontrolliert Sera, legt Wert auf äußere Formen und gepflegte Kleidung, findet Niko anständig

**Seras Mutter**
spricht auch wortkarg

**Nikos Oma**
sieht nett aus, wirre weiße Haare, Brille, erlaubt Niko viel, bleibt cool

**Osman**
hat Autowerkstatt, ist sehr übergewichtig, einfühlsam, ca. 30 Jahre alt, Freund von Niko

**Farid**
drei Jahre älterer Bruder von Sera, interessiert sich für Sera, hilft zu Hause wenig im Haushalt

**Little**
ca. 14 Jahre alt, Freund von Niko, klein und schmächtig, hyperaktiv

**Sera**
14 Jahre alt, lange, schwarze Haare; dunkle Augen, auffallend hübsch, ägyptische Abstammung, war aber noch nie in Ägypten, Interessen: Musik, Kleidung, Filme, gut in der Schule, hatte noch nie einen Freund, eher unselbstständig, will nicht auffallen, weiß manchmal nicht so genau, was sie möchte, wortkarg, wohnt mit ihren Eltern und ihrem älteren Bruder zusammen

**Niko**
(Nikolaus Baumann)
14 Jahre alt, übergewichtig, tiefe und klare Stimme, helle, weiche Haare, grüne Augen, wohnt in Drei-Zimmer-Wohnung mit seiner Oma, Eltern haben sich vor einigen Jahren getrennt, leben im Ausland, haben kein Interesse an ihm, arbeiten viel, wird in der Klasse seit langem gemobbt, interessiert sich für Wissenschaft, spricht gewählt

**Marko**
cooler Anführer der Klasse, gut aussehend, sportlich, modisch gekleidet, schwarze Haare, findet Sera gut, möchte sie »klarmachen«, gewalttätig und übergriffig, stark für Mobbing-Klima in der Klasse verantwortlich

**Melinda**
langjährige Freundin von Sera, Eltern stammen aus Albanien, aufgestylt, hip, schwarze Haare, ist in Marko verliebt, unsensibel, egozentrisch, fies

**Lenni**
Klassenkamerad von Sera und Niko, sieht beide abends abhauen, verweigert sich, beim Mobbing mitzumachen, hat keinen Mut, sich offen gegen Marko und die anderen zu stellen

**Weitere Mitschüler:innen**
Siri, Amir, Peter, Jan

# Lesezeichen und Zeilometer

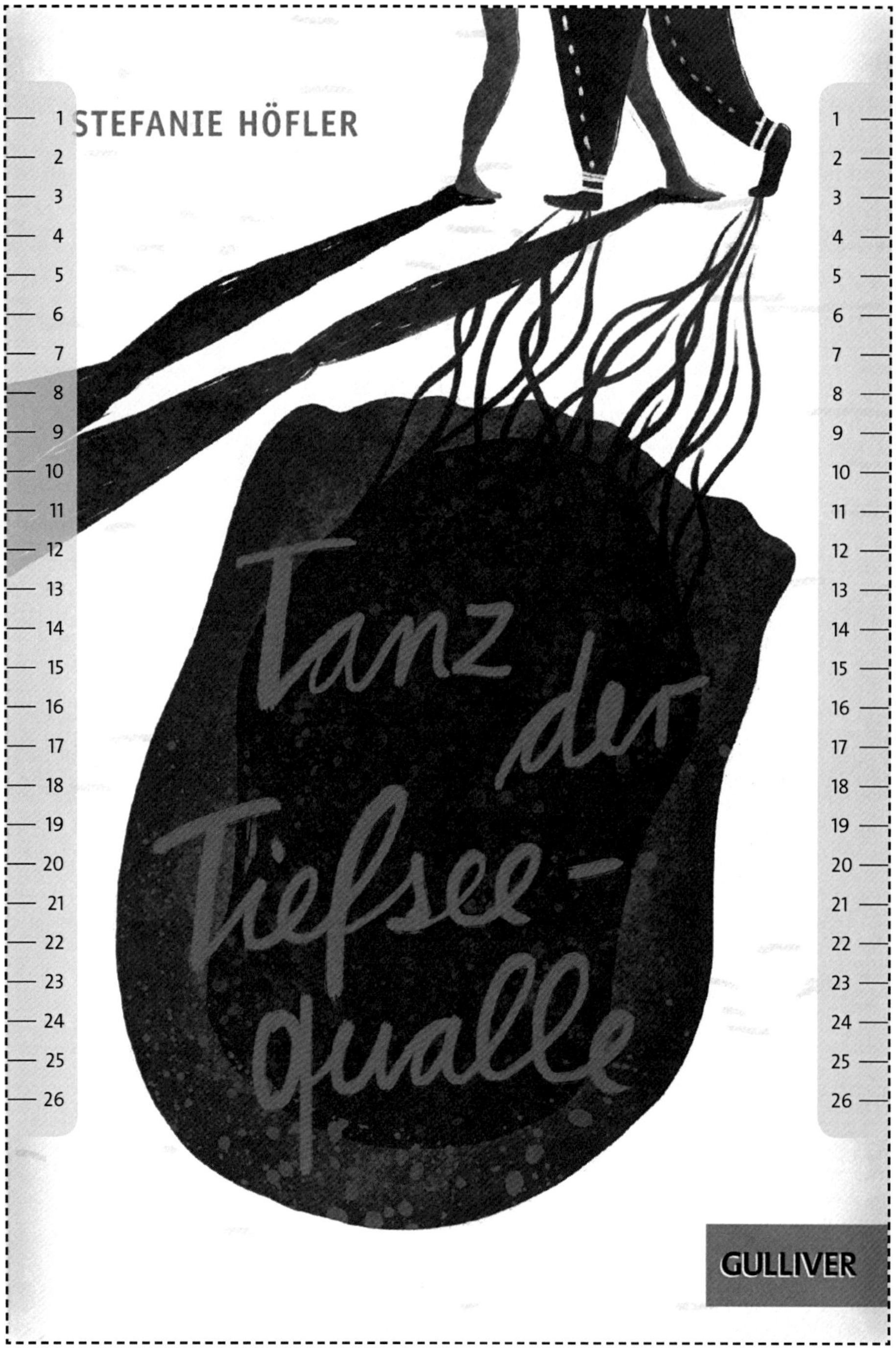


Dieses Lesezeichen hilft dir, einzelne Textstellen zu finden oder dich mit deinen Mitschülerinnen und Mitschülern über bestimmte Textstellen zu unterhalten: Lege dazu einfach das Zeilometer an den oberen Buchrand. Die Zahlen sind dann die jeweiligen Zeilen. Natürlich kannst du dein Zeilometer auch individuell gestalten.

# »Ein super Kletterbaum!«

Niko wird in der Schule wegen seines Übergewichts regelmäßig gehänselt.

**1.** Hast du alles vom Romananfang verstanden? Schreibe die Inhaltsangabe der ersten beiden Kapitel in dein Heft oder Lesetagebuch und fülle die Lücken.

Sera und Melinda sind in der Mittagspause auf dem ___ und sehen, wie Niko alleine steht, weil sein ___ im Baum hängt. So wie jetzt wird er regelmäßig ___. Sera wundert sich, dass ___ bei all den Mobbing-Attacken so ruhig und cool bleibt.
Niko stellt sich einen ___ und andere Erfindungen vor, damit würde er auf den Baum kommen. Mit einem Seil vom ___ holt er sich den Rucksack vom Baum. Er leidet sehr unter den Hänseleien der anderen, versucht aber, dies so gut wie möglich zu ___. Niko geht oft zu Osman in die ___. Sera freut sich wie alle anderen auf den bevorstehenden ___. Als sie Niko am Schulaufgang trifft, winkt sie ihm zu und grüßt ihn. Niko wundert sich, dass ihm ___ zuwinkt. Auch Niko denkt an den Klassenausflug und ___ weitere Mobbing-Attacken. Trotzdem will er mitfahren. Sein Freund ___ gibt ihm einen großen ___ als Talisman.

**Tipp**

Aus diesen Silben bestehen die Lückenwörter. Vier Silben bleiben übrig, mit ihnen kannst du ein Wort bilden, das zum Buch passt.
an • Au • aus • be • ben • de • flug • fürch • ge • Haus • her • hof • ig • Klas • ko • man • meis • mobbt • Nacht • Ni • no • Os • ra • ren • rie • Ruck • rung • sack • Schrau • Schul • se • sen • Sprung • statt • ter • tet • to • wan • werk • zie • zug

**2.** Beantworte die Fragen in vollständigen Sätzen.

a) Weshalb ist Niko das Ziel der Hänseleien?

b) In welchen Formen wird Niko von seinen Mitschülerinnen und Mitschülern gemobbt? Finde mindestens drei Beispiele im Text.

c) Wie reagieren die Lehrer auf das Mobbing?

d) Welche Strategie hat sich Niko angeeignet, um mit den Attacken umzugehen?

**3.** Sera beobachtet aufmerksam, dass Niko gehänselt wird.

a) Finde Textstellen, die Hinweise darauf geben, wie sie sich selbst dabei fühlt.

b) Warum schreitet Sera nicht ein und stellt sich auf Nikos Seite? Finde Hinweise im Text.

c) Was könnte Sera tun, um das Mobbing zu unterbinden? Sprecht in der Klasse darüber.

**4.** In Gruppen kommt es immer wieder vor, dass bestimmte Menschen aus verschiedenen Gründen ausgegrenzt oder gemobbt werden. Vielleicht hast du selbst schon damit Erfahrungen gesammelt.

a) Sprecht in der Gruppe bzw. Klasse darüber, warum Ausgrenzung und Mobbing entstehen kann, wo für euch persönlich Mobbing beginnt und was man dagegen tun kann.

b) Berichte, wenn du möchtest, über eigene Erfahrungen zum Thema.

**5.** Male oder zeichne eine Szene der ersten vier Kapitel, z. B., als Niko unter dem Baum steht oder Little und Niko Sera im Supermarkt treffen.

# »Lass Sera los!«

Beim Klassenausflug gibt es ein vielfältiges Programm …

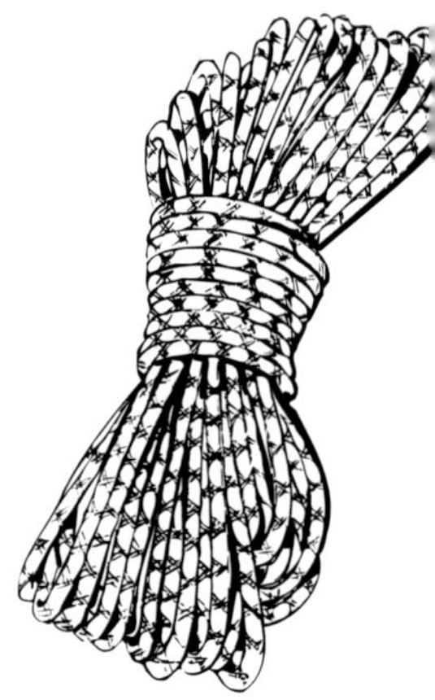

**1.** Überlege dir mögliche Fragen zu den vorgegebenen Antworten unten und schreibe beides jeweils in dein Heft oder deinen Leseordner.

a) Weil sie Angst hat, dass jemand in ihren Sachen wühlt und darin liest.

b) Er streckt einen Fuß heraus und sagt, dass neben ihm noch frei ist.

c) Weil Marko ihn mehrfach als Fettsack beschimpft.

d) Niko sieht von hinten, dass Sera zusammenzuckt.

e) Weil er sie ungefragt anfasst, sie küsst, sie grob begrapscht und mit Gewalt festhält.

f) Niko kommt dazu und sagt ihm, dass er Sera loslassen soll.

g) Sera hält sich zuerst an Niko fest und stürmt dann zu Melinda.

Tipp

**Mögliche Fragen** (Zwei bleiben übrig, kennst du die Antworten dazu?): Was macht Sera, nachdem Niko eingegriffen hat und Sera vor Marko gerettet hat? • Warum macht Niko eine Arschbombe direkt neben Marko? • Weshalb packt Sera ihr Tagebuch wieder aus dem Rucksack? • Warum ekelt sich Sera am Holzzaun vor Marko? • Was stopft sie ganz unten in den Rucksack? • Wie schafft es Marko, dass Sera auf der Hinfahrt im Bus neben ihm sitzt? • Wie reagiert Sera, als Marko bei der Nachtwanderung seinen Arm auf ihre Schulter legt? • Wie entkommt Sera der schlimmen Situation? • Warum kann Sera in der Nacht nicht gut schlafen?

**2.** Stellt in Gruppenarbeit die Nachtwanderung in mindestens fünf Standbildern dar.

Tipp

Lest dazu die Szene in Kap. 6 f. aufmerksam und überlegt euch Textstellen, zu denen ein Standbild besonders gut passt. Sammelt in der Gruppe gemeinsam Ideen für die Körperhaltung, Gestik und Mimik der einzelnen Figuren. Notiert die Stellen.

**3.** Im Kletterpark geschieht etwas Schlimmes:

a) Lest noch einmal die Textstelle und schreibt genau, was Marko alles gegen Seras Willen macht.

b) Sera versucht verzweifelt, ihn daran zu hindern. Was unternimmt sie? Warum hat sie keinen Erfolg damit?

c) Markiert im Text die Stellen, wo deutlich wird, dass Sera das, was Marko mit ihr macht, nicht möchte.

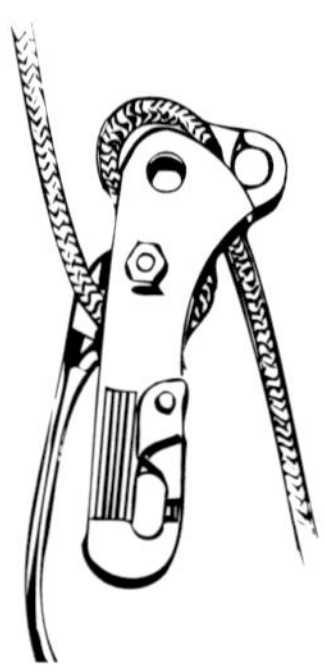

für Profis

Gegen welche Gesetze verstößt Marko dabei? Informiert euch mithilfe von Fachbüchern, im Internet oder bei Experten über das Thema sexuelle Nötigung bzw. Missbrauch. Wie könnte demnach Markos Fehlverhalten bestraft werden? Berücksichtigt dabei auch Markos vermutliches Alter (ca. 14 Jahre).

**4.** Stell dir vor, Sera bzw. Niko schreiben am Abend in ihr Tagebuch und lassen die bisherige Zeit beim Klassenausflug noch einmal Revue passieren. Was könnten sie schreiben?

Tipp

Sera: Eigentlich habe ich mich so auf unseren Klassenausflug gefreut. Aber …

Niko: Ich bin noch immer ganz durcheinander. Ich weiß nicht, woher ich den Mut nahm, mich gegen Marko zu stellen, aber …

# »Tanzen wir?«

Die Party am Abend nimmt einen ungeahnten Verlauf …

**1.** a) Bringe die folgenden Begriffe in die richtige Reihenfolge.

| | | | |
|---|---|---|---|
| Markos wütender Blick auf Sera | Angst vorm Zurückkommen | der besondere Schraubenzieher | von allen komisch angesehen |
| bedanken | völlig perplex | Eis holen | die Tanzaufforderung |
| Idee: abhauen | Hügelkette | rausrennen | Rast zum Schlafen |
| Jacken und Wolldecken | Gespräch am und im Obstbaum | einschlafen auf der Wiese | das Paar auslachen und beleidigen |
| Tiefseequalle | keine normalen Eltern | Stehblues im Takt | Angst vor der Party und Marko |

b) Verfasse mithilfe dieser Begriffe eine kurze Inhaltsangabe der Kapitel 9 bis 17.

Info: Eine **Inhaltsangabe** beschreibt sachlich, objektiv und distanziert den Inhalt eines Romans, eines Kapitels oder auch eines Films. Sie konzentriert sich auf wichtige Textaspekte, steht im Präsens und enthält keine Wertungen. Wichtige wörtliche Zitate werden in indirekter Rede wiedergegeben.

**2.** Finde die folgenden Textstellen im Buch und erkläre sie mit eigenen Worten in deinem Heft.

a) Je weniger man von meinem Körper sieht, desto besser.

b) Ist vielleicht so was wie Trotz …

c) Ein Supernikomoment ohne Supernikobrause.

d) Andererseits irgendwie ja doch, seit heute Nachmittag.

e) Das erste Mal, dass ich was selber bestimme, ich ganz allein.

**3.** Stefanie Höfler, die Autorin des Romans, benutzt immer wieder Sprachbilder (Vergleiche oder Metaphern), um ihre Beschreibungen zu verdeutlichen.

a) Wählt in Gruppen mehrere Kapitel (9–11, 12–14, 15–17) aus und versucht, alle Sprachbilder in diesem Kapitel zu finden. Markiert die Sprachbilder am Textrand.

Tipp: Vergleiche erkennt ihr an den Wörtchen »wie« oder »als«. Sprachbilder, bei denen diese Wörter fehlen, nennt man »Metaphern«.

b) Berichtet euren Mitschülern von euren Suchergebnissen.

c) Versucht, für einzelne Sätze, in denen ein Sprachbild vorkommt, eigene Sprachbilder zu finden.

d) Bewertet nun eure Alternativen im Vergleich zum Original von Stefanie Höfler.

**Beispiel:** »Fühlt sich an, als hätte ich eine ganze Packung Karamellbonbons zwischen den Zähnen, von diesen extraklebrigen.« (S. 61, Z. 9–11)
*»Fühlt sich an, als hätte ich eine große haarige Spinne im Mund, die mich daran hindert, irgendetwas zu sagen.«*

**4.** Am Ende von Kapitel 16 schlägt Sera Niko vor, gemeinsam abzuhauen. Stell dir vor, sie wäre eine gute Freundin von dir und hätte dir eine Whatsapp- oder Messenger-Nachricht geschrieben und dir ihre Idee mitgeteilt. Entwirf einen längeren »Dialog« zwischen euch beiden. Wie könnte die Whatsapp-Unterhaltung enden?

# Was Neues ausprobieren

Sera und Niko beschließen, abzuhauen …

**1.** Wer sagt bzw. denkt das? Schreibe zu den Zitaten in dein Heft oder deinen Leseordner die betreffende Figur und die Textstelle (Seitenzahl, Zeile).

| | | |
|---|---|---|
| a) Sie ist wunderschön. | b) Ich zähme sie für dich. | c) Der Typ ist nicht normal. |
| d) Du bist echt das Letzte! | e) Hat er dir gedroht? | f) Ich fühle mich plötzlich total frei. |
| g) Es ist nicht so wahnsinnig witzig, fett zu sein. | h) Niko, alle reden über dich! | i) Ich klau uns ein Eis. |
| j) Wer hat dir das Eis gekauft? | k) Na, macht ihr einen Sonntagsausflug? | l) Einer meiner Lieblingsplätze. |

**2.** Du hast Sera und Niko mittlerweile schon gut kennengelernt. Welche Gemeinsamkeiten haben sie? Welche Unterschiede gibt es?

a) Erstelle eine Tabelle, in der du die Gemeinsamkeiten und Unterschiede der beiden auflistest. Finde zu deinen einzelnen Stichpunkten Textbelege.

Tipp

Vergleiche unter anderem folgende Aspekte:
Aussehen und äußere Merkmale • Charaktereigenschaften • Eigenheiten • Sprechweise • Familiensituation • Wohnsituation • Situation in der Schule bzw. Klasse • Schulleistungen • Freundschaften • Handlungsmotive …

b) Könntest du dir vorstellen, mit Sera bzw. Niko befreundet zu sein? Begründe deine Meinung in einigen Sätzen. Sprecht in der Klasse darüber.

**3.** Immer wieder schildern die beiden Ich-Erzähler, wie es ihnen geht und was sie fühlen.

a) Entscheide dich für Sera (ungerade Kapitel, z.B. 19, 21 …) oder für Niko (gerade Kapitel, z.B. 18, 20 …).

b) Finde für jede dieser Textstellen passende Adjektive, die die Gefühle von Niko bzw. Sera näher beschreiben. Schreibe diese auch an den Textrand.

c) Bilde mindestens fünf »weil«-Sätze mit deinen Adjektiven.

**4.** Erstelle nun mithilfe deiner Markierungen eine Stimmungskurve zu Nikos bzw. Seras Stimmung für die betreffenden Kapitel.

a) Versehe mindestens fünf Punkte deiner Kurve mit Schlagwörtern aus dem Text.

b) Vergleicht die Kurven in der Klasse. Welche Parallelen gibt es? Welche Unterschiede fallen euch auf? Diskutiert darüber und belegt eure Einschätzungen am Text.

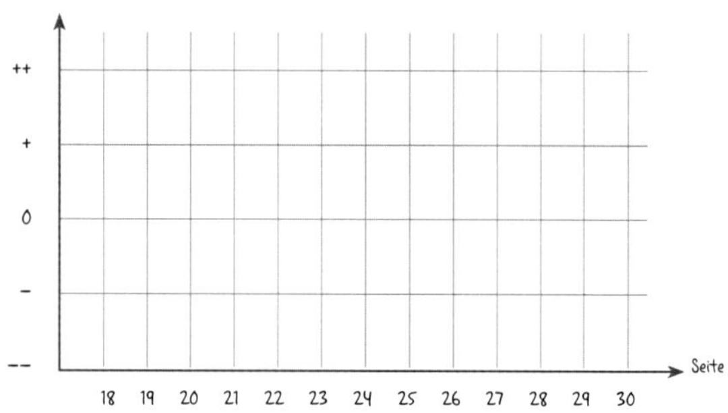

# »War meine Idee«

Nach dem aufregenden Wochenende holt die beiden der Alltag ein …

**1.** Überprüfe am Text: Welche Aussagen sind richtig (r), welche falsch (f)? Kreuze an und ergänze jeweils den Textbezug (Seite/Zeile). Schreibe anschließend alle richtigen und korrigierten Sätze in dein Heft oder deinen Leseordner.

| | r | f | Textbezug |
|---|---|---|---|
| a) Niko bleibt an der Tür ruhig und höflich und reicht Seras Vater die Hand. | ○ | ○ | |
| b) Sera erzählt ihrem Vater, dass Marko im Kletterpark zudringlich geworden ist. | ○ | ○ | |
| c) Im Gespräch mit Frau Mast sagen beide, es sei ihre Idee gewesen, abzuhauen. | ○ | ○ | |
| d) Als Frau Mast die Tafel aufklappt, steht nur ein beleidigender Spruch darauf. | ○ | ○ | |
| e) Im Dönerimbiss spürt Niko, dass er Farid vertrauen kann. | ○ | ○ | |
| f) Als Sera Niko einholt, bemerkt sie, dass er weint. Dann küsst er sie. | ○ | ○ | |

**2.** An einer Stelle steht im Buch, ein Kaugummi sei ein Symbol für etwas ganz anderes.

a) Finde die Textstelle im Buch.

b) Wofür könnte der Kaugummi symbolisch stehen?

c) In welcher Beziehung könnte dies mit den vergangenen und den folgenden Geschehnissen stehen? Sprecht darüber in der Klasse.

**Tipp:** Sicher findest du weitere Textstellen im Roman, in denen es ums Kaugummikauen geht.

**Info:** Ein **Symbol** ist ein sprachliches Bild. Die griechische Bedeutung (*sym-ballein* = zusammenwerfen, zusammenfügen) zeigt, dass ein Textelement (z. B. ein Gegenstand, eine Figur, ein Geschehen, ein Schauplatz) nicht nur eine wörtliche, sondern auch noch eine übertragene Bedeutung haben kann. Im Unterschied zum Vergleich oder zur Metapher scheint bei einem Symbol oft ein allgemeiner Sinn durch und es verweist auf höhere geistige Zusammenhänge. Oft sind Symbole verabredete sprachliche Zeichen, wie z. B. die Taube (Symbol für Frieden), das Kreuz (Symbol für den Tod) oder der Lorbeerkranz (Symbol für den Sieg).

**3.** Teilt euch die bisherigen Kapitel auf und versucht, weitere symbolhafte Elemente zu finden. Sprecht darüber in der Klasse.

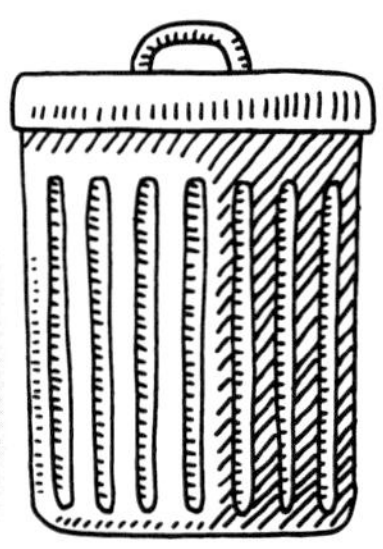

**Tipp:** auf den Baum klettern können/nicht können • symmetrisches Gesicht • Klassenausflug • giftgrüne Schnürsenkel • Nikos »Erfindungen« • schreiender Vogel • Schraubenzieher • miteinander im Takt tanzen • schaukeln • Haarsträhne als Ring • Mini Milk • Wurm • Moorsee/im Moorsee baden • Gefängnisbau • größer als Oma • Kaugummi im Mülleimer • Melindas mittelbraune Haare • Hand strecken • Monate vergangen • giftgrüner Pulli • Fakeblumen • Winterzeit • Sumokampf

**4.** An einigen Stellen merkt man, dass Sera und Niko miteinander flirten. Verfasse einen längeren Artikel (mindestens 20 Sätze) für das Jugendmagazin »Krass!« mit dem Thema: »Flirten – leicht gemacht. 10 Flirttipps«. Berücksichtige dabei auch deine eigenen Sichtweisen und Erfahrungen.

# »Sie mag dich«

Seras Kuss wirbelt Nikos Gefühlswelt noch weiter durcheinander …

**1.** Verbinde die passenden Satzteile miteinander. Schreibe die Sätze anschließend in der richtigen Reihenfolge in dein Heft oder Lesetagebuch und ergänze dabei die Lücken. Es ergibt sich eine Zusammenfassung der Kapitel 40 bis 48.

| | |
|---|---|
| Niko genießt den Kuss sehr, | sieht er Sera und Little im intensiven Gespräch, er wird ______. |
| Zu Hause recherchiert ______ über das Dicksein, | wie sehr sie ihren Körper mag. |
| Nach der Schule geht Sera zu Niko nach Hause | dies offen zu tun und zu ihm zu stehen. |
| ______ und Little sind sich sicher, | aber Sera ______ sofort danach weg. |
| Als Niko zur Parkbank geht, um ______ zu treffen, | die Belastungen und Hilfen und stopft sich ______ in die Kleidung. |
| Unter der ______ merkt Sera, | dass Sera ihn mag. |
| Little bittet Sera, falls sie mit ______ zusammen sein will, | fragt sie ihn, weshalb er gesagt habe, seine ______ seien tot. |
| Als Sera und Niko auf dem Boden der ______ sitzen, | und sieht dort ein ______ mit dem jungen Niko und seinen Eltern. |

**2.** Um mit Farid zu sprechen, befindet sich Sera in einem »klassischen Dilemma«.

a) Finde die Textstelle, wo Farid Seras Situation glasklar analysiert (S. 152).

b) Versuche, Seras Dilemma mit eigenen Worten zu beschreiben.

c) Überlege: Warst du in deinem Leben auch schon einmal in einem »klassischen Dilemma«? Vielleicht in der Schule, bei deinen Freundinnen oder Freunden, bei deinem Hobby oder in deiner Familie? Berichte davon. Wie hast du dich entschieden?

**3.** Angenommen, Sera würde dich um Rat fragen. Schreibe ihr einen längeren Brief, in dem du versuchst, ihr einen Rat oder einige Tipps zu geben, wie sie sich weiter verhalten könnte. Versuche dabei auch, von eigenen Erfahrungen zu berichten (die du selbst erlebt hast oder dir ausdenkst).

**Tipp**

So könntest du beginnen:

*Liebe Sera, du hast mich gebeten, dir einen Rat zu geben, weil du unsicher bist, wie du dich bezüglich Niko entscheiden sollst.*

*Ich kann gut verstehen, dass du in einem Dilemma steckst … • Einerseits … Andererseits … • Ich persönlich gebe dir den Rat, … • Bei mir war es vor einigen Wochen/Monaten ähnlich: … • Jetzt hoffe ich, du kannst mit meinen Zeilen etwas anfangen …*

**4.** Sera recherchiert zu Hause zum Thema »Übergewicht«. Sie möchte herausfinden, welche Ursachen es haben kann, übergewichtig zu sein, und welche Folgen es hat. Recherchiert in Gruppen nach zusätzlichen Informationen und gestaltet damit ein Plakat oder eine Wandzeitung.

# Etwas Größeres

Beim Schulfest kommt es zum Showdown …

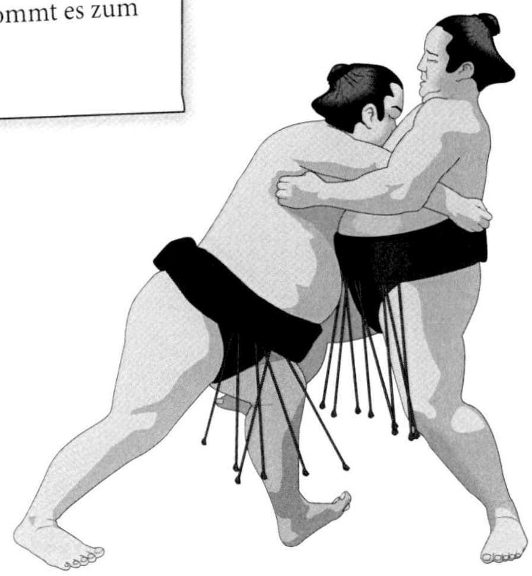

**1.** Ergänze die Sätze und finde die jeweiligen Textstellen.

a) Beim Schulfest gibt es bei Seras Klasse die Station …

b) Niko geht zum Kreis und wählt …

c) Während Niko und Marko heftig kämpfen, erzählt Lenni Sera, dass …

d) Niko überlegt am Ende des Kampfes, …

e) Sera und Niko gehen gemeinsam zum kleinen Moorsee und …

**2.** a) Lies dir noch einmal die Kapitel 49 bis 57 durch. Notiere dabei spontan möglichst viele subjektive Kommentare am Textrand. Das können z. B. Bewertungen, Assoziationen, eigene Erfahrungen oder auch Fragen sein, die du dir beim Lesen stellst.

b) Sprecht (z. B. in Partner- oder Gruppenarbeit) über eure individuellen Kommentare und Leseweisen. Wo gibt es Übereinstimmungen, wo Unterschiede?

**3.** Gestaltet einen der Höhepunkte des Romans, den Kampf beim Schulfest (Kap. 49–55), als Comic oder als Fotostory. Geht folgendermaßen vor:

a) Überlegt, wie viele Bilder ihr braucht. Legt ein »Storyboard« an, also eine Tabelle, in der ihr euch Notizen macht. Hier können schon Ideen für Sprech- oder Gedankenblasen oder auch für die Blocktexte unter dem Bild stehen. Hilfreich ist auch, sich hier zu notieren, zu welchem Textabschnitt die jeweiligen Bilder passen.

> Tipp
>
> **Noch ein paar Tipps:**
>
> Euer Comic/eure Fotostory wird abwechslungsreicher, wenn ihr die »Einstellung« ändert. Die Filmanalyse kennt folgende Einstellungsgrößen: Detail (extreme close-up), Großaufnahme (close-up), Nahaufnahme (close shot), Amerikanische Einstellung (medium shot), Halbnahaufnahme (full shot), Halbtotale (medium long shot), Totale (long shot), Weitaufnahme/Panoramaeinstellung (extreme long shot).
>
> Es wirkt auch gut, wenn ihr die Einstellungsperspektive (camera angle) abwechselt: Untersicht (Froschperspektive), Normalsicht, Aufsicht (Vogelperspektive).
>
> Überlegt euch genau, wie ihr wichtige Szenen weiter gestaltet, z. B. mit Bausteinen der Comicsprache (z. B. »RUMMMS«, »KLATSCH«, »SCHREI«).
>
> Oft macht es einen großen Unterschied, ob das Bild im Quer- oder Hochformat steht.

b) Die einzelnen Bilder des Comics zeichnet ihr am besten auf ein DIN-A5-Blatt. Die Fotos sollten 11 cm × 18 cm oder größer sein. Falls nötig, könnt ihr die einzelnen Bildseiten später verkleinern.

c) Die fertigen Bilder klebt ihr in der richtigen Reihenfolge auf ein Plakat oder fotokopiert sie und macht daraus ein kleines Heft.

**4.** Niko und Sera denken immer wieder über das Thema Freundschaft nach.

a) Was denkst du über ihre Freundschaft? Stelle deine Meinung dar.

b) Was bedeutet für dich persönlich Freundschaft? Erstelle eine Mindmap und verfasse einen Text bzw. Essay, der deine Meinungen, Vorstellungen und deine Erfahrungen zum Thema »Freundschaft« darlegt.

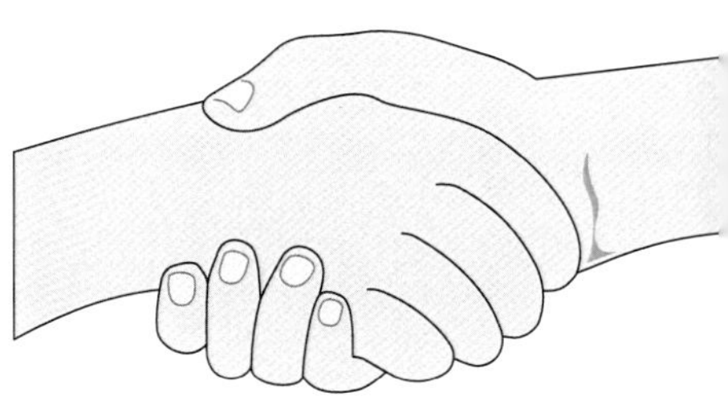

# Einfach total richtig

Zwei gegensätzliche Charaktere finden zusammen …

**1.** Welche beiden Eigenschaften und Merkmale passen zu welcher Figur? Ordne zu und finde für jede Figur noch mindestens zwei weitere Eigenschaften bzw. Merkmale.

Sera, Niko, Großmama, Baba, Little, Melinda, Osman, Lenni, Marko, Frau Mast

- hinterhältige Kaugummikauerin …
- wirre weiße Haare …
- trägt immer Anzug …
- unsicher über ihre Gefühle zu Niko …
- Klassenlehrerin …
- eloquent …
- gewalttätig …
- ist in Marko verknallt …
- cooler Angeber …
- Inhaber einer Autowerkstatt …
- Freund von Niko …
- Klassenkamerad und Mitläufer …
- wortkarg …
- hyperaktiv …
- übergewichtig …
- sehr fett …
- sagt Niko und Sera, dass er auf ihrer Seite steht …
- mag Höflichkeit und Anständigkeit …
- übernimmt Erziehungsaufgabe …
- bricht die Nachtwanderung ab …

**2.** Die Beziehung zwischen Sera und Niko verändert sich im Laufe des Romans ständig.

a) Stellt in Partnerarbeit die Beziehung zwischen beiden in Form einer Kurve (mindestens in DIN A4) grafisch dar. Die x-Achse ist dabei der Verlauf des Textes, die y-Achse der Grad ihrer Freundschaft. Notiert an wichtigen Stellen der Kurve Stichwörter zu besonderen Ereignissen der Handlung oder kurze Textzitate.

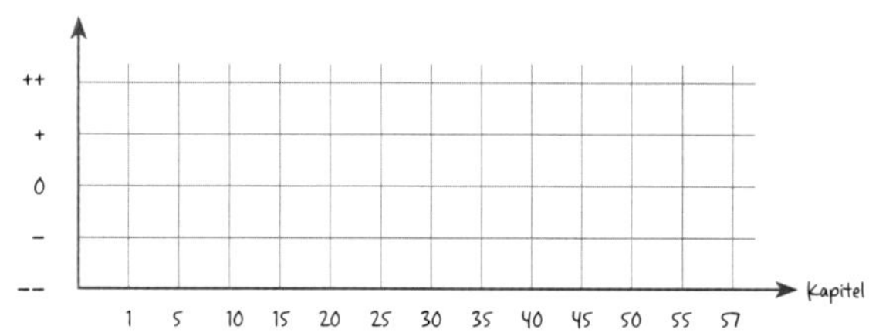


b) Vergleicht die Beziehungskurven in der Klasse. Welche Parallelen gibt es? Welche Unterschiede fallen euch auf? Diskutiert über unterschiedliche Einschätzungen und belegt eure Einschätzungen am Text.

**3.** Erstellt ein Interview mit Sera oder Niko am Ende des Romans. Du kannst das Interview entweder aufschreiben oder mit einer Partnerin/einem Partner spielen oder mithilfe eines Handys aufnehmen.

Tipp

**Mögliche Fragen an die Figuren:**

- Wie habt ihr euch kennengelernt?
- Was habt ihr alles in der letzten Woche unternommen?
- Wie geht es dir im Moment?
- Welche Situation in der letzten Woche hat dich am meisten belastet?
- Wie hast du die Flucht von der Klassenfahrt erlebt?
- Was hat dir bei eurem Wochenende am besten gefallen?
- Was denkst du: Wie wird es mit eurer Freundschaft weitergehen?

# Zeitanhalter

**1.** An verschiedenen Stellen im Buch wird angedeutet, dass mit Nikos Eltern irgendetwas nicht stimmt. Bis fast zum Schluss erfährt man aber nicht, warum er jetzt bei seiner Oma wohnt und warum er so übergewichtig ist.

a) Teilt euch in der Klasse den Roman auf (S. 9–51, S. 52–99, S. 100–146, S. 147–189).

b) Findet Textstellen, bei denen angedeutet wird, dass mit Nikos Eltern etwas nicht stimmt.

c) Stellt diese Textstellen in Form eines Plakates übersichtlich zusammen.

d) Schreibe mindestens drei Sätze darüber, was mit Niko los ist, warum er jetzt bei der Oma lebt und warum er übergewichtig sein könnte.

**2.** »Tanz der Tiefseequalle« ist oft spannend. Erstelle in deinem Heft oder Lesetagebuch auf einem DIN-A4-Blatt eine Spannungskurve des Buchs.

a) Markiere besondere Höhe- und Tiefpunkte mit Schlagwörtern aus dem Text.

b) Vergleicht eure Kurven und sprecht über eure Texteindrücke. Welche Gemeinsamkeiten gibt es, welche Unterschiede fallen auf?

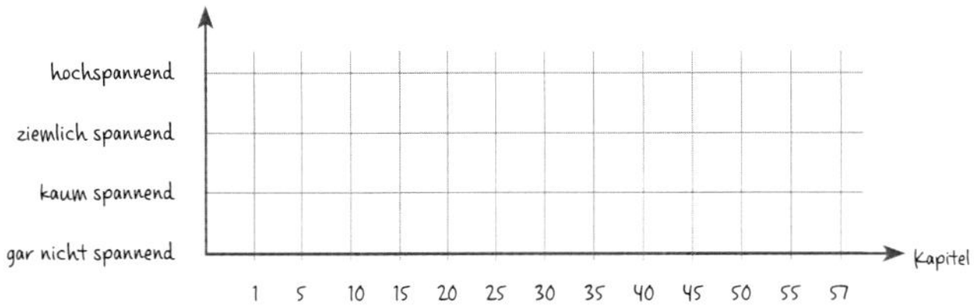


**3.** Stefanie Höfler baut in ihren Text immer wieder witzige, komische, ironische oder sarkastische Situationen oder Beschreibungen ein.

a) Wähle dir ein Viertel des Romans (s. Aufgabe 1) aus, lies es durch und markiere am Rand Textstellen, die du komisch, witzig oder ironisch empfindest. Textstellen, die du etwas witzig empfindest, bekommen ein kleines Smiley ☺, Textstellen mit mittlerer Witzigkeit zwei Smileys ☺☺ und besonders witzige Textstellen drei Smileys ☺☺☺.

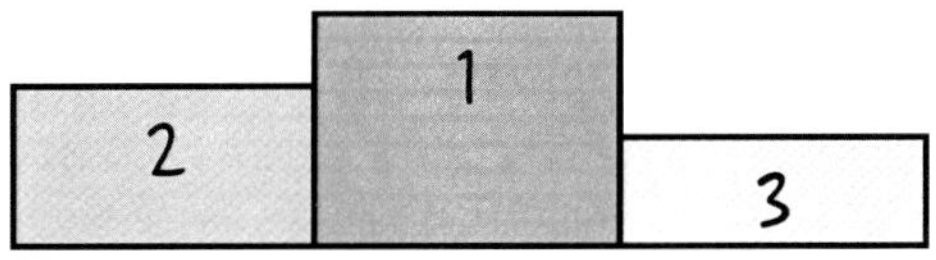


b) Erstelle eine Top-3-Rangliste derjenigen Textstellen, die für dich am witzigsten sind.

> **Info**
> **Ironie:** Der Sprecher drückt das Gegenteil von dem aus, was er meint.
> **Sarkasmus:** Beißender Spott oder Hohn, um eine Person, eine Gruppe oder deren Werte lächerlich zu machen.

**4.** Mehrere Szenen eignen sich besonders gut, um sie im Rollenspiel darzustellen:

- Die Nachtwanderung (Kap. 6 f.)
- Party in der Jugendherberge (Kap. 8–15)
- Gespräch mit Frau Mast (Kap. 34)
- Showdown beim Schulfest (Kap. 49–54)

a) Wählt in Gruppen bzw. Paaren eine Szene aus.

b) Lest euch das betreffende Kapitel besonders aufmerksam durch.

c) Übt die Szene mehrmals im Rollenspiel und präsentiert sie dann vor der Klasse.

> **Tipp**
> Hilfreich könnte es sein, die wörtliche Rede der Figuren mit unterschiedlichen Farben im Text zu markieren. Achtet beim Spielen vor allem auf die Gestik und Mimik der Figuren. Dazu hilft es, bei jedem Redeteil Hinweise zu Gestik und Mimik sowie Gefühlsadjektive am Textrand zu markieren.

# Lösungen und Lösungsvorschläge

**K.2**

1. Schulhof – Rucksack – gemobbt – Niko – Sprunganzug – Hausmeister – ignorieren – Autowerkstatt – Klassenausflug – Sera – befürchtet – Osman – Schraubenzieher
Übrig bleibt: Nachtwanderung

**K.3**

1. a) Weshalb packt Sera ...
b) Wie schafft es Marko ...
c) Warum macht Niko eine Arschbombe ...
d) Wie reagiert Sera, als Marko ...
e) Warum ekelt sich Sera am Holzzaun ...
f) Wie entkommt Sera der ...
g) Was macht Sera, nachdem Niko ...

Übrig bleiben:
- Was stopft sie ganz unten in den Rucksack? – Ihre rote Unterwäsche.
- Warum kann Sera (...) nicht gut schlafen? – Sie ist die Gerüche und Geräusche nicht gewohnt und muss viel über Melinda und Marko und ihre Gefühle nachdenken.

**K.4**

1. Markos wütender Blick auf Sera – Eis holen – Angst vor der Party und vor Marko – von allen komisch angesehen – die Tanzaufforderung – völlig perplex – Stehblues im Takt – das Paar auslachen und beleidigen – Tiefseequalle – rausrennen – Gespräch am und im Obstbaum – bedanken – Idee: abhauen – Jacken und Wolldecken – Rast zum Schlafen – keine normalen Eltern – Hügelkette – Angst vorm Zurückkommen – der besondere Schraubenzieher – einschlafen auf der Wiese
2. a) S. 47, Z. 24 f. – b) S. 50, Z. 26–28 – c) S. 54, Z. 3 – d) S. 60, Z. 22 f. – e) S. 64, Z. 1 f.

**K.5**

1. a) Niko, S. 72, Z. 15 – b) Niko, S. 74, Z. 6 – c) Sera, S. 75, Z. 4 – d) Melinda, S. 75, Z. 24 f. – e) Seras Vater, S. 76, Z. 12 f. – f) Sera, S. 76, Z. 28 f. – g) Niko, S. 80, Z. 21 f. – h) Little, S. 86, Z. 4 – i) Sera, S. 88, Z. 15 f. – j) Sera, S. 93, Z. 21 – k) Frau im Auto, S. 98, Z. 13 – l) Sera, S. 101, Z. 10

**K.6**

1. a) richtig, S. 104 f.; b) falsch (sie erzählt ihm nichts), S. 104–107; c) richtig, S. 110 f.; d) falsch (auch zwei Strichmännchen), S. 115; e) richtig, S. 123; f) falsch (sie küsst ihn), S. 132
2. a) S. 117
b) Der Kaugummi könnte symbolisch für die Freundschaft zwischen Sera und Melinda stehen.
c) Mit dem Ausspucken des Kaugummis beendet Sera die langjährige Freundschaft zu Melinda und der coolen Clique der Klasse und entscheidet sich, ihren eigenen Weg zu gehen und zu ihren Gefühlen für Niko zu stehen.
3. auf den Baum klettern können/nicht können (S. 9, 125, 143, 155) – symmetrisches Gesicht (S. 18, 61, 72) – Klassenausflug (S. 25 ff.) – giftgrüne Schnürsenkel (S. 26) – Nikos »Erfindungen« (u.a. S. 10, 33, 43) – schreiender Vogel (S. 36, 59) – Schraubenzieher (S. 23, 44, 71) – miteinander im Takt tanzen (S. 55) – schaukeln (S. 77 f.) – Haarsträhne als Ring (S. 80, 157) – Mini Milk (S. 92, 95) – Wurm (S. 96) – Moorsee (S. 101, 186) – Gefängnisbau (S. 102) – größer als Oma (S. 108) – Kaugummi im Mülleimer (S. 116) – Melindas mittelbraune Haare (S. 120) – Hand strecken (S. 125) – Monate vergangen (S. 136) – giftgrüner Pulli (S. 143) – Fakeblumen (S. 145) – Winterzeit (S. 148) – Sumokampf (S. 179)

**K.7**

1. 
- Niko genießt ..., aber Sera (rennt)
- Unter der (Dusche) ..., wie sehr ...
- Nach der Schule ... und sieht dort (Foto)
- zu Hause recherchiert (Sera) ... die Belastungen ... (Kissen)
- Als Niko ... (Little) ..., sieht er Sera ... (eifersüchtig)
- Little bittet ... (Niko), dies offen ...
- Als Sera und Niko ... (Werkstatt) ..., fragt sie ihn ... (Eltern) ...
- (Osman) und Little ..., dass Sera ...

**K.8**

1. a) ... Sumoringen.
b) ... Marko als Gegner.
c) ... dass Marko allen fiese Dinge erzählt hat, die Sera angeblich über sie gesagt habe.
d) ... Marko mit der Faust ins Gesicht zu schlagen, lässt ihn dann aber los.
e) ... baden gemeinsam darin, was sich für beide richtig anfühlt.

**K.9**

1. 
- Sera: unsicher über ihre Gefühle zu Niko, wortkarg
- Niko: eloquent, übergewichtig
- Baba: trägt immer Anzug, mag Höflichkeit und Anständigkeit
- Melinda: hinterhältige Kaugummikauerin, ist in Marko verknallt
- Osman: Inhaber einer Autowerkstatt, sehr fett
- Marko: gewalttätig, cooler Angeber
- Großmama: wirre weiße Haare, übernimmt Erziehungsaufgabe
- Little: Freund von Niko, hyperaktiv
- Lenni: Klassenkamerad und Mitläufer, sagt Niko und Sera, dass er auf ihrer Seite steht
- Frau Mast: Klassenlehrerin, bricht die Nachtwanderung ab